PARZIVAL

PARZIVAL

auf der Suche nach dem Gral

Nach Wolfram von Eschenbach
erzählt von Marit Laurin
Initialen von Susanne Rasmussen

Verlag Freies Geistesleben

CIP-Kurztitelaufnahme der Deutschen Bibliothek

Laurin, Marit:
Parzival auf der Suche nach dem Gral: nach Wolfram von Eschenbach / erzählt von Marit Laurin. Initialen von Susanne Rasmussen.
Stuttgart: Verlag Freies Geistesleben, 1986.
Einheitssacht.: Parsifal och vägen till gral ⟨dt.⟩

ISBN 3-7725-0852-9

Die schwedische Originalausgabe erschien 1983 in Telleby Bokförlag unter dem Titel:
Parsifal och vägen till gral, en berättelse för ungdom av Marit Laurin efter Wolfram von Eschenbachs »Parzifal«.

Satz und Druck: Greiser, Rastatt

INHALT

ERSTES BUCH

GACHMURET UND BELAKANE

Fern ist uns die Zeit, als es irgendwo in Europa, vielleicht dort, wo jetzt Österreich liegt, ein Königreich gab mit dem Namen Anschauwe, und die Könige über dieses Reich nannten sich Anscheweinen. Ihr Ahnherr trug den Namen Mazadan, und er hatte die Fee Morgane zur Gemahlin gewählt. So stammten die Anscheweinen von einer Fee ab.

In diesem Land herrschte der König Gandin. Er hatte zwei Söhne, Galoës und Gachmuret. Als Gandin in ritterlichem Kampfe fiel, erbte der älteste Sohn Galoës das ganze Reich, denn so war es das Gesetz jenes Landes. Er bot seinem Bruder Gachmuret einen Teil des Reiches als Lehen an, aber dieser antwortete, er wolle lieber in fremde Länder ziehen, um dort durch ritterliche Taten Ruhm und Ehre zu gewinnen.

König Galoës stimmte seinem Wunsch zu und stattete ihn freigiebig aus mit gewappneten Gefolgsleuten, mit kostbaren Stoffen und mit vier Truhen voll Gold und Edelsteinen. Auch seine Mutter gab ihm kostbare Geschenke mit, obwohl sie sehr traurig war, sich so bald nach dem Tode ihres Gemahls nun auch von dem jüngeren Sohn trennen zu müssen.

Junge Ritter, die in die Welt hinauszogen, um ihr Glück zu suchen, boten gewöhnlich einem König ihre Dienste an. Aber

Es geschah, und dann wurde ein Fest der Versöhnung gefeiert, ein Fest, das zugleich zum Hochzeitsfest wurde für Gachmuret und die Königin Belakane. Gachmuret wurde König und Herrscher über das Land Zazamank. Der Königssohn hatte sich sein Reich erobert und eine holdselige Gemahlin dazu, die ihn zärtlich liebte. Hatte der Anker nun seinen Ankergrund gefunden? Diesen zu suchen, war Gachmuret ja eigentlich von Bagdad weggezogen. Manche seiner treuen Mannen hofften, er habe ihn jetzt gefunden, aber in seinem Herzen war Unruhe geblieben, Sehnsucht nach neuen ritterlichen Taten, neuen Abenteuern. Oder war es die Sehnsucht nach den Menschen seines Volkes und nach Genossen im christlichen Glauben? Belakane und ihr ganzes Volk beteten ja heidnische Götter an. Sie wußten nichts von Christus.

Diese Unruhe, die er im Herzen trug, trieb ihn schließlich dazu, seine Gemahlin und sein Reich zu verlassen. Schon nach einigen Monaten bestieg er heimlich das Schiff und fuhr wieder auf das Meer hinaus. Am Morgen fand die Königin beim Erwachen einen Brief von ihrem Gemahl:

«Ich grüße die Geliebte. Heimlich wie ein Dieb bin ich fortgegangen, da ich uns den Schmerz des Abschieds ersparen wollte. O Herrin, ich will es nicht verschweigen, hättest du meinen Glauben, meine Sehnsucht quälte mich noch mehr, als sie es jetzt schon tut. Ist unser beider Kind ein Sohn, und wächst er heran, so wird er gewiß die Stärke des Löwen zeigen, denn er entstammt dem Geschlecht der Anschauwe. Herrin, wenn du dich taufen ließest, könntest du mich zurückgewinnen.»

Das kurze Glück der Königin Belakane war nun in Schmerz, Trauer und Einsamkeit verwandelt. Nach sechs Monaten gebar sie einen Sohn. Er hatte ein seltsames Aussehen: Er hatte eine fleckige Haut, war schwarz und weiß zugleich. Belakane gab ihm den Namen Feirefis.

Während dieser Zeit wurde Gachmurets Schiff von heftigen Stürmen auf dem Meere hin und her geworfen. Erst nach sechs Monaten gelang es dem geschickten Steuermann, in einem Hafen an der spanischen Küste zu landen. Von dort begab sich Gachmuret nach Sevilla.

ZWEITES BUCH

GACHMURET UND HERZELOYDE

Gachmuret rüstete in Sevilla für einen Teil seiner mitgebrachten Schätze ein stattliches Gefolge aus und begab sich mit ihm auf den Weg zu seinem Verwandten, König Kaylet, dessen Leben er vor Patelamunt geschont hatte und der weiter nördlich sein Reich hatte.

Dort angekommen, erfuhr er, daß sein Vetter zu einem großen Turnier ausgezogen war. Dieses Turnier war von der jungen Königin von Waleis ausgerufen worden. Sie war jungfräuliche Witwe. Ihr Gatte war gestorben, ehe die eheliche Verbindung vollzogen worden war, und sie hatte sein Land Norgals geerbt. Sie war jung und schön und Herrscherin über zwei Königreiche. Der Sieger im Turnier könne sie als Gemahlin gewinnen und damit Herrscher über zwei Königreiche werden.

Kein Wunder, daß viele berühmte und tapfere Ritter aus fernen Ländern gekommen waren, um an diesem Turnier teilzunehmen. Ruhmreiche Helden und mächtige Könige sah man dort, aber auch arme wandernde Ritter, die nur die Hoffnung hegten, sich in diesem Turnier ein Pferd oder einen Harnisch erkämpfen zu können.

Gachmuret gab seinem Meisterknappen den Befehl, für viele gute Speere zu sorgen, denn er erkannte, daß er sie alle gebrauchen werde. Er zog dann weiter nach Norden, in die Stadt Kanvoleis, wo das Turnier stattfinden sollte. Diese Stadt lag an einem Flusse am Rande einer großen Ebene.

Gachmuret sandte seinen Knappen in die Stadt, um Herberge zu suchen. Dieser kam aber zurück mit dem Bescheid, daß alle Herbergen schon übervoll waren. Auch waren auf der Ebene große Zeltlager errichtet, und Gachmuret überlegte, ob auch er sein Zelt dort aufschlagen sollte. Da brachte ein anderer Knappe die Nachricht, daß unterhalb des königlichen Schlosses ein offener Platz sei, gerade groß genug, um ein Zelt dort aufzuschlagen. Gachmuret gab Befehl, daß man dort sein Zelt mit allem, was dazugehörte, aufrichten solle. Leoplan hieß dieser Platz.

Gachmuret saß ab und ließ sich draußen im Freien vor der Brücke eine leichte Mahlzeit zubereiten. Die junge Königin, die in einem Fenster der Burg saß, sah ihn und wunderte sich, wer dieser vornehme Ritter wohl sein möge. Währenddessen wurde das Zelt auf dem Leoplan errichtet. Es war groß und kostbar und hatte einmal jenem König Isenhart gehört, dessen Tod die Feinde Belakanes hatten rächen wollen. Gachmuret hatte es in den Kämpfen vor Patelamunt gewonnen, wie auch die Rüstung, die er trug.

Als alle Vorbereitungen getroffen waren, hielt Gachmuret Einzug. Vor ihm gingen Musikanten mit Posaunen und Tamburinen, mit Geigen und Flöten. Er war kostbar gekleidet und ritt ein edles Roß, und eine große Menge von schaulustigen und neugierigen Menschen umgab ihn.

Die junge Königin saß noch in ihrem Fenster, und als Gachmuret seine Augen zu der Burg erhob, begegneten sich ihre Blicke. Der Tag war hell genug, aber doch schien es Gachmuret, als ob eine Sonne eben aufgegangen sei, so hell war der Lichtglanz, der die Gestalt in dem Fenster der Burg umstrahlte. Er fühlte sich in seinem tiefsten Wesen ergriffen von diesem Anblick. Auch die junge Königin war tief berührt von dem Blick des Fremdlings und trat von dem Fenster zurück.

Gachmuret saß ab und trat in sein Zelt ein. Dorthin kam nun der König Kaylet, der die Nachricht vernommen hatte, daß ein vornehmer Fremder angekommen sei. Das Zelt war von hundert Speeren umgeben, die mit grünen Seidenfahnen geschmückt waren. Auf jeder Fahne waren drei weiße Anker. An diesem Wappen erkannte Kaylet, daß der neuangekommene Fremde sein Vetter Gachmuret sei. Voller Freude eilte er in das Zelt und begrüßte seinen Vetter auf das herzlichste.

Von ihm erfuhr nun Gachmuret, wie viele ruhmreiche Helden aus nahen und aus fernen Ländern, vom Norden und vom Süden, sich zu diesem Turnier versammelt hatten. Unter ihnen war auch König Utependragon, der Vater des viel besungenen König Artus, da war auch König Lot aus Norwegen mit seinem jungen Sohn Gawan, der noch zu jung war, um an dem Turnier teilnehmen zu können. Es wurden auch die Namen Lähelin, Cidegast und Gurnemanz genannt, denen wir später in dieser Geschichte begegnen werden.

Die Sonne hatte inzwischen ihre volle Mittagshöhe erreicht, und draußen auf der Ebene begannen nun kleine Scharen von Rittern gegeneinander zu kämpfen. Es war eine Art Vorturnier, das immer vor dem eigentlichen Turnier stattfand.

Gachmuret stieg zu Pferd, ohne sich wappnen zu lassen, und ritt auf das Feld hinaus. Er wollte zunächst Zuschauer sein. Seine Knappen breiteten ihm einen Teppich auf den Boden aus und setzten sich im Kreise um ihn herum. Die Ritterscharen stürmten gegeneinander an, Pferde wieherten unter den stechenden Sporen, die Schwerthiebe klangen hell, und Speere trafen Schilde mit einem dumpfen Ton.

Gachmuret blieb nicht lange Zuschauer. Er ließ sich bald wappnen. Der kostbare Harnisch und der Helm, der hart war wie Diamant, hatten beide dem toten König Isenhart gehört. An den Helm hatte Gachmuret einen Anker aus Gold und Edelsteinen befestigen lassen. Über der Rüstung trug er einen flammend roten Waffenrock, der mit goldenen Ankern bestreut war. Und nun warf sich Gachmuret, von speertragenden Knappen gefolgt, in das Getümmel der streitenden Scharen. Er durchbrach immer wieder die Scharen, besiegte einen Ritter nach dem andern und verbrauchte alle Speere, die ihm seine Knappen reichten. Unter den besiegten Rittern waren vier Könige, die er als Gefangene in sein Zelt schickte. Ihre Rüstungen und Pferde verschenkte er an die armen wandernden Ritter.

Der Turnierplatz war von der Burg aus zu sehen, und die Königin sah von ihrem Fenster, wie Gachmuret einen Sieg nach dem anderen erfocht. Schließlich war sein Pferd so ermüdet, daß er sich aus dem Kampfe heraus zurückzog, um es gegen ein anderes einzutauschen. Seine Knappen befreiten ihn von dem Helm. Er zog die frische Luft in tiefen Atemzügen ein. Da nahte sich ihm ein Bote, es war ein Kaplan, von drei jungen Pagen begleitet. Er kam von Ampflise, der französischen Königin.

Gachmuret kannte sie wohl, denn als er damals am Hofe ihres Vaters um seine Rittersporen diente, war sie fast noch ein Kind, und Gachmuret selbst war auch sehr jung. Zwischen den beiden jungen Menschen war eine zarte Liebe entstanden, aber die kleine Fürstin Ampflise war schon mit dem Thronfolger von Frankreich verlobt, und die beiden jungen Menschen mußten auf ihre Liebe verzichten. Nun war nach vielen Jahren Ampflises Gemahl gestorben, und in ihrem Herzen erwachte die alte Jugendliebe mit neuer Kraft. Sie hatte von dem großen Turnier gehört und schickte ihre Boten dahin, in der Hoffnung, daß auch Gachmuret sich zu diesem Turnier einfinden werde.

Gachmuret gab Befehl, die Boten in sein Zelt auf dem Leoplan zu geleiten, setzte den diamantenen Helm auf, bestieg ein frisches Pferd und ritt wieder in den Kampf. Die teilnehmenden Ritter waren jetzt in zwei große Scharen geordnet, die innere und die äußere Partei. Zu der inneren Partei gehörten alle, die in der Stadt Herberge gefunden hatten, zu der äußeren, die ihre Zelte auf der Ebene aufgeschlagen hatten. Gachmuret schloß sich der inneren Partei an, da sein Zelt ja innerhalb der Stadtmauer stand. Er stürmte nun gegen die äußere Partei an, und unter seiner Führung wurde diese Partei weit nach hinten getrieben. In dem Gewimmel kam ihm der stolze und tapfere Ritter Lähelin entgegen, der voller Zorn war, weil seine Partei so nach hinten getrieben war. Mit ihm kämpfte nun Gachmuret einen langen und harten Kampf. Beide verbrauchten viele Speere dabei. Lähelin hielt lange stand, aber schließlich gelang es Gachmuret, ihn aus dem Sattel zu werfen. Er zwang ihn, Sicherheit zu leisten, und warf sich wieder in den Kampf. Aber wo er nun heranstürmte, riefen die Gegner: «Der Anker kommt, der Anker kommt!» und flohen.

Schließlich kam ihm ein Ritter entgegen, dessen Wappen er wiedererkannte. Es war ein Lehensfürst von Anschauwe. Dieser Ritter trug aber seinen Schild umgekehrt, mit der Spitze nach oben. Das war ein Zeichen der Trauer und konnte nur bedeuten, daß sein Lehensherr und König gestorben war. So erfuhr Gachmuret den Tod seines Bruders, des Königs Galoës von Anschauwe, und zog sich voll tiefer Trauer aus dem Tumult zurück. Er suchte sein Zelt auf und gab sich dort ganz dem Schmerze hin.

Inzwischen hatte die Innenpartei die Außenpartei bis in ihr Zeltlager zurückgetrieben, ja, war sogar in dieses Lager eingedrungen. Der Kampf war vorbei, und der Abend brach an. Im Schein von Wachskerzen und Fackeln bewirtete der traurige Gachmuret seine Gäste, die vier Könige, die er gefangengenommen hatte. Als die Mahlzeit beendet war, ritt die junge Königin in Begleitung ihrer Hofdamen herbei. Als sie in das Zelt eintrat, erhob sich Gachmuret mit seinen Gästen. Er wurde von der Königin als der Herrscherin über das Land Waleis feierlich willkommen geheißen, und sie bot ihm einen Begrüßungskuß an. Er sagte, er könne diesen Kuß nur empfangen, wenn seine überwundenen Gegner, die vier Könige, derselben Ehre teilhaftig würden. Die Königin willigte ein, und als die Begrüßungszeremonie beendet war, nahmen alle wieder Platz.

Die Königin hatte ihren Sitz neben Gachmuret, und diese Nähe war ihr süß und willkommen. Ihr Name war Herzeloyde, das bedeutet Herzensweh. Sie war so strahlend schön, daß sogar das Licht der vielen Wachskerzen in ihrer Nähe zu verblassen schien. Gachmuret aber war über den Tod des Bruders so von Trauer erfüllt, daß ihre Schönheit ihn unberührt ließ.

In funkelnden Bechern, die aus ganzen Edelsteinen geschliffen waren, boten Mundschenken einen Trunk an. Da trat König Kaylet mit seinen Rittern in das Zelt ein. Sie hatten der äußeren Partei Sicherheit geben müssen und baten nun Gachmuret, daß er sie gegen zwei seiner gefangenen Könige auswechseln möge. König Kaylet brachte auch die Kunde, daß Gachmuret allgemein als Sieger des Turniers betrachtet wurde, obwohl das eigentliche Turnier ja noch nicht stattgefunden hatte, sondern nur das Vorturnier. Hier schon sei Gachmurets Überlegenheit so offenkundig gewesen, daß er allgemein als Sieger betrachtet und anerkannt wurde. Er habe den Preis gewonnen.

Dies hörte die Königin gern, denn Gachmuret hatte durch seine ritterliche Tapferkeit und männliche Schönheit ganz ihr Herz gewonnen. Sie forderte ihn auf, ihr Gemahl zu werden und mit ihr zusammen über ihre beiden Reiche zu herrschen.

Da sprang aber der Bote der Königin Ampflise, der Kaplan, von seinem Platze auf und trat für die Rechte seiner Herrscherin ein. Sie habe das ältere Recht auf Gachmuret und sie liebe ihn mehr als alle anderen Frauen. Als Herzeloyde dies hörte, meinte sie, dies sei eine Rechtsfrage, und diese könne nur von dem höchsten Richter des Landes entschieden werden.

«Edler Herr», sprach sie zu Gachmuret, «ich bitte Euch, verweilet hier in meinem Lande, bis diese Frage entschieden ist.» Gachmuret willigte ein, zumal sein Sinn noch ganz von der traurigen Botschaft umfangen war, die er erhalten hatte. Er zog sich in seine Schlafkammer, ein kleines samtenes Zelt, zurück und verweilte dort in Trauer und Schmerz über den Tod seines Bruders.

Am nächsten Morgen wurden alle Ritter, die am Turnier teilgenommen hatten, zu einer Versammlung zusammengerufen. Einmütig beschlossen sie, daß das Turnier beendet sei, und Gachmuret wurde als Sieger ausgerufen. Der trauernde Gachmuret hatte nicht an dieser Versammlung teilgenommen. Er begann den Tag mit der Frühmesse – vielleicht war es eine Seelenmesse für den geliebten Bruder. Als die Messe beendet war, trat Herzeloyde in das Zelt ein, von ihren vornehmsten Fürsten begleitet. In der Gegenwart dieser Zeugen teilte sie Gachmuret feierlich mit, daß er als Sieger des Turniers ausgerufen sei und daß der Preis, sie selbst und ihre Königreiche, ihm zufalle.

Gachmuret antwortete: «Edle Herrin, ich habe schon eine Gemahlin, die mir so lieb ist wie mein eigenes Leben.»

«Laßt ab von der heidnischen Frau», sagte die Königin, «und kehrt Eure Liebe mir zu. Der Segen der Taufe hat größere Kraft als das heidnische Wesen. Laßt ab davon, und vereint Euch mit mir in unserem christlichen Glauben. Oder hat die französische Königin etwa Euer Herz gewonnen?»

«Sie ist meine Gebieterin», antwortete Gachmuret, «denn am Hofe ihres Vaters habe ich meine ritterliche Erziehung genossen, und sie hat mir den Ritterschlag gegeben. Ihr aber, edle Herrin, wendet Eure Liebe einem anderen zu, wenn Ihr Freude gewinnen wollt. Meinen Bruder, den König Galoës, habe ich verloren, bei mir ist nur Trauer zu finden.»

«Laßt mich nicht vor Sehnsucht vergehen», sprach Herzeloyde, «sondern sagt mir die wahren Gründe für Eure Weigerung!»

Gachmuret antwortete, das Turnier habe ja gar nicht stattgefunden, das sei doch Grund genug. Sie entgegnete, daß alle teilnehmenden Ritter ihn als Sieger erklärt und das Turnier abgeblasen hätten. «Viele Ritter haben im Vesperspiel größere Ehre gewonnen als ich. Eure Gründe stehen auf schwachen Füßen», sagte Gachmuret.

Die Königin meinte, auch diese Frage müsse jetzt vor das Gericht gebracht werden, und Gachmuret willigte ein. Das Urteil des Richters lautete, wer im Vesperspiel als Sieger ausgerufen wurde, habe den Preis gewonnen, wer er auch sein möge.

Dieses Urteil wurde mit allgemeinem Jubel begrüßt, und Herzeloyde wandte sich voll Glück an Gachmuret: «Lieber Herr, nun seid Ihr mein. Ich will Euch gerne dienen und will versuchen, Euch Freude zu bereiten, die Euch Trost sein kann in dem Unglück, das Euch getroffen hat.»

Gachmurets Gemüt war immer noch von Trauer erfüllt. Nun war aber schon der Monat April vergangen, der Frühling kam in Herzeloydes Reich, und Bäume und Wiesen schimmerten in zartem Grün, die Mandelbäume blühten. Die Vögel jubelten, die Luft war erfüllt von Blütenduft. Gachmuret blickte die schöne Herzeloyde an, und das Erbe seiner Ahnfrau, der Fee Morgane, regte sich in ihm, die Lust, Liebe zu empfangen und zu schenken. Er nahm Herzeloydes Hand und sagte: «Gerne werde ich Euer Gemahl, aber Ihr müßt mir versprechen, daß Ihr mich nicht vom Ritterleben fernhalten wollt. Einmal im Monat will ich zum Turnier ziehen.»

Die Königin antwortete ihm: «Lieber Herr, bestimmt über Euch, Ihr habt Eure volle Freiheit.»

Die Fürsten von Anschauwe hatten inzwischen erfahren, daß der Sieger im Vorturnier, dem der Preis zugesprochen worden war und der bisher nur der Anker genannt wurde, Gachmuret der Anscheweine sei. Sie erkannten in ihm den Bruder ihres verstorbenen Königs und eilten voller Freude zu ihm, um ihm als ihrem neuen König zu huldigen.

Gachmuret küßte sie alle und sagte: «Trauert nicht allzu viel über den Tod Eures Königs! Ich will mein Bestes tun, um ihn zu ersetzen. Kehrt Eure Schilder um und laßt die Freude in eure Herzen einziehen. Von jetzt ab werde ich wieder das Wappen meines Vaters tragen, denn mein Anker hat in seinem Lande seinen Ankergrund gefunden.» Zu der Königin sagte er: «Ich bitte Euch, diese Herren als unsere Gäste zu empfangen, und sie wohl zu bewirten, bis Ihr mir die Erfüllung der Liebe geschenkt habt und die Hochzeit gefeiert werden kann.»

Die Königin ging gern auf diese Bitte ein und befahl ihrem Burggrafen, für die Bequemlichkeit der Gäste gut zu sorgen. Sie selbst zog sich mit Gachmuret in ihre Gemächer zurück, und dort wurde die Traurigkeit Gachmurets in die süße Freude der Liebe verwandelt.

Am nächsten Tag wurde die Hochzeit gefeiert. Gachmuret hatte vorher alle Ritter, die sich ihm unterworfen hatten, wieder freigegeben und teilte nun an alle reiche Geschenke aus.

Es folgte eine glückliche Zeit für Gachmuret und Herzeloyde, voll blühender Lebensfreude und Liebe. Die Menschen in den beiden Königreichen teilten das Glück des Herrscherpaares. Einmal im Monat zog Gachmuret zum Turnier aus. Dann trug er über seine Rüstung ein feines weißes Seidenhemd, das Herzeloyde vorher an ihrem Leibe getragen hatte, und wenn er zurückkam, zog sie das zerfetzte Hemd wieder an ihren bloßen Leib an. Achtzehn mal zog Gachmuret so zum Turnier aus, achtzehn mal kam er siegreich und unverwundet zurück. Da geschah es eines Tages, daß eine Botschaft kam von dem Baruch in Bagdad. Sein Reich wurde wieder von übermächtigen Feinden bedroht, und er erbat sich Gachmurets Beistand. Gachmuret beschloß, dem Ruf zu folgen, und nahm von Herzeloyde Abschied. Es war für beide ein schwerer Abschied, denn es war eine lange und beschwerliche Fahrt, die nun für Gachmuret beginnen sollte. Und diesmal zog er nicht zu einem Turnier, sondern in den Krieg.

Als er im Lande des Baruch ankam, fand Gachmuret, daß die Feinde dem Sieg nahe waren. Der Baruch begrüßte ihn mit großer Freude, und mit Gachmuret an der Spitze seines Heeres wurden die Feinde rasch zurückgedrängt.

Inzwischen lebte Herzeloyde ganz der Hoffnung und Sehnsucht nach der Rückkehr ihres Gemahls. Doch sie war eine gute Herrscherin über die beiden Königreiche, lenkte ihre Geschicke mit Weisheit und Sorgfalt; von allen ihren Untertanen wurde sie geliebt und hoch gepriesen. Sie trug aber ein Kind unter ihrem Herzen.

Als ein halbes Jahr vergangen war, da befiel sie einmal, als sie sich mittags zur Ruhe gelegt hatte, ein seltsamer Traum. Es schien ihr, daß ein Meteor sie durch die Himmelsräume trage; Blitze flammten um sie herum, so nahe, daß es in ihren langen Zöpfen knisterte. Der Donner rollte, und es fiel ein Regen wie von brennenden Tränen über sie. Ein Greif hackte nach ihrer rechten Hand. Dann veränderte sich der Traum. Es schien ihr, als gebäre sie einen Drachen, und sie legte ihn an ihre Brust. Er sog daran und flog dann hinweg. Es war ihr, als ob ihr das Herz in der Brust zerbreche, in Trauer über das, was mit ihr geschah. Sie warf sich im Schlafe hin und her und schrie schließlich laut. Ihre Hofdamen eilten herbei und weckten sie aus dem schlimmen Traum. In diesem Augenblick wurden Boten von König Gachmuret gemeldet. Die Königin eilte in den Vorraum hinaus, wo auch ihre Ritter sich versammelt hatten. Dort war Tampanis, Gachmurets Knappe, und weinend brachte er die Trauerbotschaft, daß Gachmuret, sein Herr und König, gefallen sei. «Wie ist es möglich?» fragten die Ritter bestürzt, «er war doch durch den diamantenen Helm schier unverwundbar.»

Tampanis berichtete, daß es einem feindlichen Ritter im Tumulte des Kampfes gelungen sei, an Gachmuret so nahe heranzukommen, daß er Bocksblut über seinen Helm gießen konnte. Und von Bocksblut wurde selbst Diamant weich. Ein gut gezielter Speer durchbohrte Gachmurets Helm und Kopf. Tödlich verwundet, gelang es dem Helden doch, sich im Sattel aufrecht zu halten und sich aus dem Kampf zurückzuziehen. Er wurde vom Pferde gehoben; auf dem Boden ausgestreckt berichtete er einem Priester, bekannte seine Liebe zu Herzeloyde und gab Befehl, daß das weiße Seidenhemd, das jetzt mit seinem Blute befleckt war, und die Speerspitze, die aus seinem Kopfe gezogen wurde, ihr gebracht werden sollten.

So starb der edle Gachmuret, frei von allen Sünden. Sein Körper wurde einbalsamiert und nach Bagdad geführt, wo er in einem kostbaren Sarkophag beigesetzt wurde. Der Deckel des Sarkophags war aus durchsichtigem Rubin, mit einem smaragdenen Kreuz geschmückt. An dem Kreuz war der diamantene Helm befestigt, und eine Inschrift erzählte, wer in diesem Sarkophag bestattet war, und welche Taten er vollbracht hatte.

Während dieser Erzählung weinten alle Anwesenden, der Knappe selbst schluchzte laut und konnte kaum sprechen. In diesem Kummer, der alle ergriffen hatte, gab zunächst niemand auf Herzeloyde acht. Sie war bewußtlos zu Boden gesunken und dem Tode nahe. Schließlich wurde ein alter Ritter auf ihre Not aufmerksam. Er ließ Wasser holen, und es gelang ihm, sie aus der tiefen Ohnmacht zu wecken.

Als sie zu Bewußtsein kam und alle weinenden Menschen um sich herum sah, brach sie in eine herzzerreißende Klage aus. «O weh, Geliebter, wo bist du? Deine Tapferkeit war die ganze Freude meines Herzens, aber diese Tapferkeit hat dich jetzt mir entführt. Ich war jünger als du, aber doch deine Mutter und deine Gemahlin zugleich. Ich trage die Frucht deines Lebens unter meinem Herzen. Gott im Himmel möge das Leben des Kindes behüten!»

Sie umfaßte ihren Leib mit Händen und Armen und sagte in ihrer Verzweiflung: «Gott im Himmel, stehe mir bei, daß ich mich nicht an dem Leib vergreife, der Gachmurets Kind trägt.» Sie fragte nach dem seidenen Hemd und der Speerspitze, und sie wurden ihr gereicht. Sie wollte das blutige, zerhauene Hemd anziehen, aber man nahm es ihr behutsam weg. Sowohl Hemd wie Speerspitze wurden später im Münster der Hauptstadt begraben.

Zwei Wochen nach diesem Trauertag brachte die Königin einen Sohn zur Welt. Er war so groß und kräftig, daß er ihr fast das Leben kostete. Als Herzeloyde sich von den Wehen der schweren Geburt wieder erholt hatte und das Kind an ihre Brust gelegt wurde, fühlte sie im Herzen eine seltsame Freude, als ob Gachmuret ihr wieder nahe sei. Die Himmelskönigin selbst legte ja das Jesuskind an ihre Brust, als sie es zur Welt gebracht hatte, ihn, der unser Erlöser wurde und den Kreuzestod um unsere Sünden litt, so sprach sie sinnend. Und sie hörte nicht auf, das Kind in ihren Armen zu küssen: «Cher fils, beau fils, bon fils! Mein lieber Sohn, mein schöner Sohn, mein guter Sohn!» Und in ihrem Herzen war ein Kampf zwischen der Freude über die Geburt des Kindes und der Trauer über den Tod des geliebten Gemahls.

DRITTES BUCH

PARZIVALS FRÜHE JUGEND

Entbehrung und Armut, so glauben manche, taugten zu nichts. Wer sie jedoch um der Liebe und Treue willen erduldet, der kann im Himmel ewigen Lohn erhalten. So geschah es mit Herzeloyde. Sie fühlte, daß sie ihr Leben ganz verändern müsse, daß sie es weit weg vom Treiben des Hofes und der ritterlichen Welt führen wolle. So übertrug sie ihre Reiche Norgals, Waleis und Anschauwe ihren treuen Lehensfürsten und brach mit wenigen Dienern und Dienerinnen auf, um von nun an in tiefer Waldeinsamkeit, weit ab von jeder Stadt und jedem Schloß zu leben. Der Ort, den sie wählte, hieß die Einöde von Soltane, und die Diener mußten ein Stück des Waldes roden und einige Äcker anlegen, auf denen sie ihre einfache Nahrung anbauen konnten.

Herzeloyde hatte aber auch beschlossen, ihr Söhnlein von den Gefahren der Ritterwelt, in der sie ihren Gemahl hatte verlieren müssen, zu schützen.

Ehe er sprechen lernte, rief Herzeloyde ihre Diener zusammen und sagte ihnen, es sei ihr bestimmter Wille, daß ihr kleiner Herr und zukünftiger König nichts über seinen Vater und dessen ritterliches Leben erfahren solle. «Sagt ihm nichts vom Rittertum! Erführe er etwas davon, erwüchse mir nur Leid und Kummer daraus.»

So wuchs nun der Knabe in der Waldeseinsamkeit heran. Er war gesund und auch kräftig, sein Leib wohlgeformt und geschmeidig. Mit vier oder fünf Jahren folgte er schon den Dienern auf die Jagd und auf die Äcker. Bald lernte er auch Pfeil und Bogen zu schnitzen, womit er auf die Vögel schoß, die in den Bäumen sangen. Wurde ein Vogel getroffen und fiel tot zu Boden, dann weinte der Knabe. Manchmal sah die Mutter, wie er mit Tränen in den Augen den Vögeln lauschte; da meinte sie, die Wirkung auf seine Seele sei zu stark, und sie befahl den Dienern, die Vögel zu verjagen, ja sogar sie zu töten. Als der Knabe dies wahrnahm, lief er zu der Mutter und fragte sie: «Mutter, warum läßt du die Vögel verjagen, warum dürfen sie nicht leben?» Da küßte sie ihn und sagte: «Du mein herzliebes Söhnlein, wie konnte ich nur Gottes Gebot übertreten und die kleinen Sänger nicht leben lassen!» Da fragte der Knabe staunend: «Gott, wer ist das?»

«Das werde ich dir jetzt sagen, du mein herzliebes Söhnlein», antwortete die Mutter. «Gott ist lichter als der hellste Tag, und doch nahm er Menschengestalt an, um uns Menschen zu helfen. Ihn mußt du immer um Hilfe bitten, wenn du in Not kommst, denn seine Treue hört nie auf. Aber hüte dich vor der bösen Macht, vor dem Höllenfürsten, denn er ist schwarz wie die Nacht und ganz und gar Falschheit. Kehre deine Gedanken von ihm ab und hüte dich vor Zweifel und Wankelmut.»

Es war wohl nicht das einzige Mal, daß Herzeloyde zu ihrem Sohn sprach von dem Gott, der das Licht der Welt ist und der den Menschen Tröster und Helfer sein will. Und der Knabe behielt alles treu in seinem Herzen.

So verging Jahr um Jahr in der stillen Waldeinsamkeit. Der Knabe wuchs zu einem strahlend schönen Jüngling heran, aber sein Gemüt blieb kindlich, und er wußte nichts von der Welt außerhalb des Waldes. Schon mit zehn oder zwölf Jahren lernte er von den Dienern die kurzen Wurfspeere zu gebrauchen, womit er manchen Hasen und manches Reh erlegte. Als er etwas älter wurde, ging er auch allein auf die Jagd. Manchmal erlegte er sogar einen Hirsch; wenn er dann die Beute auf seinem Rücken nach Hause trug, wunderten sich die Diener über seine Kraft.

An einem schönen Frühlingsmorgen streifte der Jüngling im Wald umher und stieß auf einen Reiterpfad, der da hindurch führte. Da hörte er plötzlich ein ungewohntes Geräusch von Pferdehufen, die gegen den Boden dröhnten. Er nahm einen Speer in die Hand und sagte sich: «Wer mag da wohl kommen? Vielleicht ist es der Böse selbst, der Höllenfürst, vor dem meine

Mutter so große Angst hat. Er soll nur kommen, ich werde schon mit ihm fertig!»

Aus dem Dämmerdunkel des Waldes kamen jetzt drei Ritter in scharfem Trab. Ihre Rüstungen funkelten und blitzten im Sonnenschein, so daß der Junker fast geblendet wurde. Eine so strahlende Helligkeit hatte er noch nie erlebt und dachte, das müsse Gott selbst sein. Er fiel auf die Knie und rief: «Hilf mir, Gott, der du helfen kannst», genau wie ihn seine Mutter gelehrt hatte. Der vordere Ritter hielt sein Pferd mit straffem Zügel an, daß es sich aufbäumte und dicht vor dem Junker stehen blieb. Die anderen hielten hinter ihm, und der Ritter fragte: «Wer bist du, der uns den Weg hier versperrt?»

Da kam ein vierter Ritter im Galopp aus dem Wald heraus. Er ritt einen kastilianischen Hengst und trug eine kostbare Rüstung. An den Steigbügeln und an seinem rechten Arm waren kleine goldene Glocken befestigt, die bei jeder Bewegung erklangen. Es war der Graf von Ulterlec, der mit seinen Rittern zwei andere Ritter verfolgte, die eine vornehme Frau geraubt hatten. Er hielt sein Pferd an und fragte: «Wer versperrt uns den Weg?» Da erblickte er auch schon den Junker, der mit erhobenem Gesicht und leuchtenden Augen vor ihnen kniete.

Von des Jünglings Schönheit beeindruckt und ergriffen, fragte der Ritter höflich, ob er wohl zwei Ritter gesehen habe, die eine Frau mit sich führten. Aber Herzeloydes Sohn, der noch immer glaubte, vor Gott selbst zu knien, antwortete nur: «Hilf mir, gnädiger Gott, der du helfen kannst.» Der Fürst antwortete: «Ich bin gewiß nicht Gott, aber ich versuche seinen Geboten zu folgen. Vier Ritter siehst du vor dir, wenn du deine Augen gebrauchen willst.»

«Ritter, was ist das?» fragte Herzeloydes Sohn atemlos vor Staunen. «Wenn du nicht Herrgott bist, sondern ein Ritter, so sage mir, wie auch ich ein Ritter werden kann, so wie du.»

«König Artus, Junker, kann dich zum Ritter machen, wenn du den Weg zu ihm findest, denn du scheinst mir wahrhaftig ritterlicher Herkunft zu sein.»

Die vier Männer waren tief ergriffen von dem Anblick des Jünglings, der ihnen in seiner Schönheit als ein wahres Kunstwerk Gottes erschien. Dieser stand nun auf, ging zu dem Herzog hin und fühlte mit den Fingern seinen Harnisch ab. «Du Ritter Gott, was trägst du da für ein Kleid an deinem

Leibe? So viele Ringlein, die dicht aneinander schließen, daß ich kein einziges lockern kann.» Da zeigte ihm der Herzog sein Schwert und sagte: «Wenn mich ein Ritter zum Kampf herausfordert, so schützt mich dieser Harnisch gegen sein Schwert.»

«Wahrhaftig», sagte der Sohn Herzeloydes, «wenn die Hirsche in diesen Wäldern ein solches Fell trügen, dann könnte ihnen mein Wurfspeer nichts anhaben!»

«Gott behüte dich», sagte jetzt der Herzog «und schenke dir Verstand und Witz zu deiner Schönheit, dann kannst du weit kommen.» Damit gab er seinem Pferd die Sporen und sprengte davon, gefolgt von seinen Rittern. Sie kamen an den Acker, wo die Knechte Herzeloydes arbeiteten, und stellten nun dieselbe Frage wie an den Junker. Ja, die Knechte hatten wirklich in der Morgenfrühe zwei Ritter gesehen, die eine Frau mit sich führten, und konnten die Richtung zeigen, in die die Räuber verschwunden waren.

Die Knechte aber sagten zueinander: «Wenn bloß nicht unser Junker diesen Rittern begegnet ist! Das wäre ein großes Unglück, und uns träfe die Schuld, denn die Herrin wußte nicht, daß er uns heute morgen gefolgt ist.»

Der Junker aber kam in eiligem Lauf zu seiner Mutter und rief schier atemlos vor Eifer und Begeisterung: «Mutter, ich bin vier Männern begegnet, die waren heller als Gott selbst, sie waren Ritter. Mutter, ich will zu König Artus ziehen, damit er mich zum Ritter macht. Ich bitte dich, laß mir ein Pferd satteln, damit ich zu König Artus reiten kann.»

Seine Mutter wurde ohnmächtig vor Schrecken, und als sie wieder zu sich kam, weinte sie, weil nun das Unglück geschehen war, das sie seit seiner Geburt gefürchtet hatte und vor dem sie ihn schützen wollte, als sie in die Waldeseinsamkeit zog.

Vergebens versuchte sie ihn umzustimmen, sagte ihm, er sei zu jung und müsse erst seine volle Manneskraft erlangen. Er wisse nichts von der Welt, er müsse erst viel lernen. Aber nein, er hörte gar nicht auf sie, sondern wiederholte nur immer, daß er ein Pferd haben müsse, um sofort zu König Artus zu reiten.

Schließlich konnte Herzeloyde ihn überreden, bis zum nächsten Morgen zu warten. In ihrer Verzweiflung überlegte sie nun hin und her, wie sie es erreichen könne, daß er bald wieder zu ihr zurückkehre. Schließlich kam sie darauf, daß sie ihn recht erbärmlich ausstatten müsse, so daß er von den Menschen ausgelacht und verhöhnt würde. Dann würde er vielleicht entmutigt werden und bald zurückkommen.

Sie ließ die Dienerinnen aus grobem Sackleinen ein Gewand nähen, wie es von Narren getragen wurde, und die Diener machten ihm kurze Bauernstiefel aus ungegerbter Kalbshaut. Sie gab Befehl, daß man das schlechteste Pferd im Stall, eine ausgediente Mähre, für ihn satteln sollte.

Als der Morgen graute, erwachte der Junker, zog fröhlich das Narrenkleid und die ungegerbten Stiefel an, nahm seinen Köcher mit Wurfspeeren auf den Rücken und ging zur Mutter, um Abschied zu nehmen. Sie versuchte ihre Gedanken zu sammeln, um ihm gute Ratschläge auf den Weg zu geben, aber erschüttert und verzweifelt wie sie war, fand sie nicht die richtigen Worte. Was sie sagte, wurde dunkel und schwer verständlich. Sie dachte zuerst an seinen Ritt durch den Wald und was ihm da wohl an Gefahren begegnen könne. «Wenn du an einen Fluß kommst, sieh dich wohl vor, ehe du hinüber reitest, denn er kann tiefe Stellen haben, die gefährlich sind, dort ist das Wasser dunkel. Nur dort sollst du hinüberreiten, wo das Wasser klar ist und du die Steine auf dem Grund sehen kannst.» – «Ja, liebe Mutter, daran will ich denken», sagte der Knabe.

«Wenn dir jemand begegnet, so sage ihm ein freundliches Grüß Gott, und wenn du einen alten erfahrenen Mann triffst, von dem du etwas lernen kannst, so höre aufmerksam seine Unterweisung an.» – «Gewiß, Mutter, das werde ich tun», sagte ihr Sohn.

Herzeloyde sah ihren Sohn an, wie er so strahlend schön dastand in der erbärmlichen Narrenkleidung, und ihre Gedanken gingen weit in die Zukunft hinein. «Wenn dir eine edle Frau begegnet, so versuche ihren Ring zu gewinnen», und sie dachte nicht daran, daß er diese Redensart ja gar nicht kannte. Sie bedeutete wohl, um eine Frau zu werben. «Und wenn du ihre Liebe gewonnen hast, so umarme und küsse sie zärtlich.» – «Ja, Mutter», sagte der Jüngling staunend.

Schließlich dachte sie, ihr Sohn müsse nun doch etwas von seiner Abstammung erfahren, und sie sagte: «Lieber Sohn, du mußt auch wissen, daß du ein Königssohn bist und drei Reiche geerbt hast, von denen aber zwei vom Ritter Lähelin erobert wurden.»

«Das werde ich rächen, liebe Mutter, verlaß dich darauf», rief der Sohn. Und nun war der Augenblick des Abschieds gekommen. Herzeloyde segnete ihren Sohn, umarmte und küßte ihn. Er saß auf und ritt davon, so schnell die alte Mähre traben konnte. Die Mutter rief ihm nach, aber er sah sich kein einziges Mal um, und so wußte er nicht, daß sie hinter ihm tot zu Boden gesunken war. Schmerz und Trauer hatten ihr das Herz gebrochen.

Ahnungslos, aber voll glühenden Mutes ritt der Junker in das Waldesdunkel hinein. Nach einigen Stunden kam er an einen Fluß, wo die Sonnenstrahlen nicht durch die hohen Baumkronen dringen konnten, und so sah das Wasser ganz dunkel aus. Er dachte an die Mahnung der Mutter, nur dort über einen Fluß zu reiten, wo er die Steine sehen konnte, und so ritt er den ganzen Tag am Ufer entlang. Als es dunkelte, saß er ab, ließ das Pferd trinken und grasen und trank selbst aus dem Fluß. Dann streckte er sich auf dem Waldboden aus und schlief neben der alten Mähre ein.

Als der Morgen dämmerte, sah er, daß er auf einer kleinen Lichtung geschlafen hatte, und bald fielen die Strahlen der Morgensonne auf den Fluß, so daß er den Grund sehen konnte. Da ging er zu seinem Pferd, schwang sich in den Sattel und ritt hinüber. Auf der anderen Seite breitete sich die Lichtung weiter aus, und auf ihr stand in einiger Entfernung ein prachtvolles Zelt. Bei diesem Anblick fühlte der Junker plötzlich einen großen Hunger. Er saß ab, um zu sehen, ob er in diesem Zelt etwas zu essen bekommen könne.

Als er die Zeltbahn zurückschlug, sah er im Halbdunkel des Zeltes eine junge Frau, die auf einem prachtvollen Lager schlummerte. Sie trug ein kostbares Gewand, und in der Nähe des Bettes war ein Tisch mit einer reichen Mahlzeit gedeckt. Außer ihr war niemand dort.

Wie der Junker so vor ihr stand, bemerkte er einen Ring an ihrer herabhängenden Hand und dachte an die Worte der Mutter. Da ging er kurzerhand an das Bett heran und zog ihr den Ring vom Finger. Darüber erwachte die Frau. Wie sie einen fremden Mann über sich gebeugt sah, fuhr sie voll Schrecken auf und befahl ihm, sich sofort zu entfernen; doch er hörte nicht auf sie und wollte sie küssen, wie es ihm die Mutter gelehrt hatte. In diesem Augenblick spürte er seinen Hunger wieder. Er ließ von ihr ab und setzte sich an den Tisch und aß mit großem Appetit.

Die edle Frau – Jeschute war ihr Name – war immer noch außer sich vor Furcht, denn sie erwartete jeden Augenblick ihren Gemahl, den strengen Herzog Orilus, zurück. Und wenn er einen fremden Mann bei ihr im Zelt finden würde, dann würde es das Leben des Fremdlings kosten und für sie wahrscheinlich großes Unglück bringen.

Sie versuchte, ihn einzuschüchtern, sie drohte ihm mit dem Zorn ihres Gemahls, aber er antwortete ruhig: «Ich habe keine Angst vor Eurem Gemahl.» Doch als ihm klar wurde, daß sie selbst es würde entgelten müssen, wenn ihr Mann einen Fremden bei ihr antreffen würde, willigte er sofort ein, sie zu verlassen. Zum Abschied umarmte und küßte er sie gegen ihren Willen, denn er meinte, er müsse handeln, wie die Mutter es gesagt hatte. Er nahm ihr noch eine kostbare Spange ab, die an ihrer Brust glänzte, dann verließ er endlich das Zelt, ohne zu ahnen, daß er schwerstes Unglück über die schöne Frau Jeschute gebracht hatte.

Kurz darauf kam ihr Gemahl, der mächtige Herzog Orilus, von seinem Morgenritt zurück; er sah gleich die fremden Reiterspuren im taufrischen Gras und bemerkte, daß die Zeltschnüre in Unordnung waren. Schon wallten Zorn und Eifersucht in ihm auf. Er trat in das Zelt hinein und fand seine Gemahlin, die er friedlich schlafend verlassen hatte, kummervoll und bedrückt vor. Da raubten ihm Zorn und Eifersucht alle Besinnung. Er beschuldigte sie mit heftigen Worten, daß sie ihm untreu gewesen sei. Sie versuchte ihm zu erzählen, was vorgefallen war, aber er hörte gar nicht darauf, sondern verurteilte sie stehenden Fußes als Ehebrecherin und verhängte die schwerste Strafe über sie. Sie dürfe nicht mehr seine Gemahlin sein, nicht mehr Herrin in seinem Haus. Als die geringste seiner Dienerinnen solle sie leben, schlechte Kleider tragen, eine elende Mähre reiten und unter Kummer und Tränen ihr Brot essen. Er zerschlug eigenhändig ihren kostbaren Frauensattel und flickte ihn mit Bast als Zeichen ihrer Erniedrigung. Als die Diener wieder kamen, fanden sie ihre Herrin entehrt, gedemütigt und verzweifelt weinend vor. Sie weinte nicht nur über ihr eigenes Schicksal, sondern vielleicht noch mehr über die Leiden ihres Gemahls, denn ihr liebendes Herz fühlte durch seinen Zorn und seine Grausamkeit hindurch, wie schwer er daran litt.

Herzeloydes Sohn war inzwischen weiter durch den Wald geritten. Nach einiger Zeit hörte er in der Ferne eine Frauenstimme weinen und klagen. Er kam einen steilen Abhang hinunter und sah auf der anderen Seite an einer schroffen Felswand eine Frau sitzen. Ihre Klage galt einem toten Ritter, der in ihrem Schoß lag. Er ritt zu ihr hin und sagte: «Gott beschütze Euch! So hat mir meine Mutter geboten, jedermann zu begrüßen, dem ich begegne. Was ist mit diesem Ritter, ist er verwundet oder gar tot? Sage mir, wer ihn getötet hat, ich werde ihn rächen.»

Die Frau, Sigune war ihr Name, hob den Kopf und sah durch ihre Tränen den schönen Jüngling in seiner Narrenkleidung. Sie fühlte sein warmes Mitgefühl und antwortete: «Du bist wohl ein tapferer Jüngling, gepriesen sei deine süße Jugend und deine Schönheit. Gewiß wirst du einmal Ehre und Ruhm gewinnen. Du hast ein treues Herz, daß du soviel Mitgefühl mit dem Geschick des Ritters Schionatulander hast. Wer bist du? Sage mir deinen Namen.»

Er antwortete: «Meine Mutter nennt mich immer cher Fils – bon Fils – beau Fils. Von einem anderen Namen weiß ich nichts.»

Da erkannte sie ihn. «Du bist Parzival, und dieser Name bedeutet ‹mitten hindurch›. Dein Vater war ein Anschewin, und deine Mutter liebte ihn so sehr, daß sein Tod ihr großes Herzensweh und tiefstes Leid brachte. Du bist in der Stadt Kanvoleis geboren, denn deine Mutter ist Königin über das Reich Waleis, und sie ist die Schwester der meinen. Du bist auch König über das Reich Norgals und wirst einmal in der Stadt Kingrivals die Krone tragen. Dieser Ritter ist in deinem Dienst gefallen, als er dein Reich verteidigte, und seine Tapferkeit wie seine Treue waren makellos. Du stattlicher Jüngling, zwei Brüder haben dir viel Böses zugefügt. Der eine hat zwei deiner Reiche erobert, sein Name ist Lähelin, und der andere ist der Herzog Orilus. Im Kampf mit ihm ist dieser Ritter gefallen, womit er mir tiefsten Schmerz zugefügt und mich in Jammer und Elend gestürzt hat. Denn schon in früher Jugend hatte er mich zu der Dame seines Herzens erkoren, als ich bei deiner Mutter erzogen wurde und er bei deinem Vater Knappe war. Wir liebten einander innig, aber ich schenkte ihm nie die Erfüllung der Minne. Deshalb kennt meine Trauer keinen Trost, und ich liebe ihn jetzt im Tode.»

Herzeloydes Sohn antwortete: «Ich will diesen Ritter rächen, da er ja meinetwegen gefallen ist, wie du sagst. Zeige mir, in welche Richtung ich reiten muß, um Orilus zu finden.»

Aber Sigune sah ihn an, sah sein Sackleinenkleid, sah die elende Mähre und dachte an den gefürchteten, wohlgerüsteten und kampfgewohnten Ritter, den er herausfordern wollte. Da wies sie ihn in die falsche Richtung, um sein Leben zu retten.

Parzival nahm von der trauernden Frau Abschied und schlug die Richtung ein, die sie ihm gezeigt hatte. Als er einige Stunden geritten war, lichtete sich der Wald, und er gelangte auf eine breite Landstraße. Alle Menschen auf dem Wege begrüßte er mit den gleichen Worten: «Gott beschütze Euch, so wollte meine Mutter, daß ich jedermann grüße.»

Es dunkelte schon, er war hungrig und müde nach dem langen Tag, und so klopfte er an einem stattlichen Haus an. Ein Mann öffnete die Tür, und der Junker sagte seinen gewohnten Gruß und fragte: «Kann ich hier etwas zu Essen bekommen und ein Dach über den Kopf für die Nacht, da ich hungrig und müde bin.»

Der Mann aber war böswillig und geizig, sah nur das Narrenkleid und das elende Pferd und wies ihn mit harten Worten ab: «Hier wird keine Barmherzigkeit geübt, hier wird nichts an Narren und Bettler verschenkt. Hier wird nur empfangen, wer bezahlen kann.»

Da bot ihm Parzival Frau Jeschutes Spange an, und nun wurde der Böswillige plötzlich freundlich: «Wenn du mir diese Spange gibst, dann will ich dir gerne Herberge für die Nacht geben und dich auch nach Kräften bewirten.» – «Gut, aber dann mußt du auch für mein Pferd sorgen und mir morgen den Weg zu König Artus zeigen», sagte Parzival.

Der Geizhals willigte ein, und nun durfte Parzival eintreten. Nach einer kargen Mahlzeit schlief er bald tief ein.

In der Morgenfrühe des nächsten Tages saß er zu Pferd, und der Bauer lief vor ihm her, um ihm den Weg zu zeigen. Als sie so weit gekommen waren, daß die Stadt deutlich zu erkennen war, blieb der Bauer stehen und sagte: «So, von hier kannst du allein weiterfinden, denn für einen Mann aus niederem Stand ist es nicht ratsam, sich dem Hof des Königs zu nähern.»

Parzival gab ihm die Spange und setzte seinen Weg allein fort – ein unwissender junger Narr im Sackleinenkleid auf einer elenden Mähre. Der Pfad führte über blumenbestreute Wiesen auf ein Stadttor zu. Vor diesem Tor saß ein stattlicher Ritter in voller Rüstung auf einem Streitroß. Helm und Helmschmuck, Harnisch und Waffen, Waffenrock und Satteldecke wie auch der Kopfputz des Rosses und das Roß selbst – alles war flammend rot. Auch die Haare des Ritters leuchteten rot unter dem Helm hervor. In der Hand hielt der Ritter einen goldenen Becher.

Der Junker ritt an ihn heran und sagte: «Gott behüte Euch! So hat meine Mutter mir geboten, jedermann zu begrüßen, dem ich begegne.» Der stattliche Ritter antwortete freundlich: «Gott lohne dir und deiner Mutter diesen Gruß, gepriesen sei auch deine Anmut, es muß eine edle Frau gewesen sein, die dich zur Welt brachte. Wenn dein Weg dich zu König Artus führt, so sage ihm bitte von mir, er solle nicht glauben, daß ich mit Absicht den Wein auf das Gewand der Königin gegossen habe, als ich den

Becher von der Tafel nahm. Ich nahm ihn von der Tafel des Königs zum Zeichen, daß ich mein Erbland vom König zurückfordere. Ich warte nun hier auf einen Ritter, der mit mir um diesen Becher kämpfen will, doch kommt keiner von seinen Rittern.»

Der Junker versprach, seine Botschaft auszurichten, und ritt in die Stadt hinein. In den Gassen blieben die Menschen gaffend stehen, als er in seinem Narrengewand daherritt, und im Burghof kamen Pagen und Knappen gelaufen und drängten sich um ihn.

Ein Knappe namens Iwanet trat heran, begrüßte ihn freundlich und bot ihm seine Hilfe an. «Gott behüte dich, so hat meine Mutter mir geboten, jedermann zu begrüßen», sagte der Junker in seiner gewohnten treuherzigen Art. «Ich sehe hier so manchen Artus, wer aber soll mich zum Ritter machen?» Der Knappe lächelte freundlich und sagte: «Den richtigen König Artus hast du noch gar nicht gesehen, aber ich werde dich zu ihm führen.» Er ließ Parzival vom Pferd absitzen und führte ihn in den Rittersaal des Schlosses.

Dort saß der König mit seinen Rittern an der berühmten runden Tafel, wo alle gleichen Ranges waren. Die Verwirrung, die nach dem Besuch des roten Ritters entstanden war, hatte sich noch nicht gelegt. Nun erhob sich erneut Unruhe und Gedränge, denn alle wunderten sich über die zugleich narrenhafte und strahlende Erscheinung des Jünglings.

Der junge Parzival sprach seinen Gruß: «Gott behüte Euch alle! So hat meine Mutter mir geboten zu sagen. Wer von Euch ist König Artus? Ich habe einen Gruß an ihn von dem roten Ritter, der nun vor dem Stadttor wartet, daß jemand kommt und mit ihm um den Becher kämpft. Ich soll auch bestellen, daß er es bedauere, den Wein auf das Gewand der Königin geschüttet zu haben, als er den Becher ergriff. Er hat es nicht mit Absicht getan.»

«Gott lohne dich für deinen Gruß, und wenn es mir möglich ist, will ich dir gerne helfen, lieber Junker», antwortete König Artus. «Edler König, ich will Ritter werden, hilf mir dazu. Es ist höchste Zeit dafür, allzu lange habe ich gelebt, ohne Ritter zu sein.»

«Gerne will ich dich zum Ritter machen und dir eine passende Ausrüstung dazu schenken, denn du scheinst mir wahrhaft ritterlicher Herkunft zu sein», antwortete der König. «Du mußt dich nur bis morgen gedulden.»

«Edler König, zu lange habe ich schon gewartet, und ich will keine andere Rüstung, Waffen und Pferd als die von dem roten Ritter», sprach Parzival.

«Diese Rüstung kann ich dir nicht geben, da sie das Eigentum des roten Ritters ist, der noch dazu mein Feind ist, und Herr Ither von Kukumerland heißt», sagte Artus unmutig.

Da mischte sich ein Ritter des Königs in das Gespräch ein. Es war Herr Keye, der Seneschall, der die Aufsicht über die königliche Tafel und die Speisen hatte, die dort aufgetragen wurden. «Hoher Herr und König, laßt dem Junker seinen Willen, denn jemand muß den Kampf mit dem Ritter aufnehmen. Wenn er siegt, gewinnt er ja Rüstung, Pferd und Waffen, nach denen ihm so sehr verlangt.»

«Damit würde ich ihn in seinen sicheren Tod senden, so unerfahren und unbewaffnet wie er ist», erwiderte König Artus ernst. Von Parzivals Drängen ließ er sich endlich doch überreden und gab ihm die Erlaubnis, mit dem roten Ritter um den goldenen Becher zu kämpfen. Der Knappe Iwanet führte Parzival wieder auf den Schloßhof, und er stieg zu Pferd. Nun geschah etwas Seltsames. An einem breiten Fenster saß die Königin mit ihren Hofdamen und beobachtete das Gedränge auf dem Burghof. Plötzlich hörte man jemand lachen. Es war Frau Kunneware, eine der Hofdamen, und sie beugte sich aus dem Fenster, sah auf Parzival hinab und lachte ein jubelndes, erlösendes, befreiendes Lachen.

Aufregung, Erstaunen, Verwunderung und Freude löste dieses Lachen bei den vielen Menschen aus, denn alle wußten, daß die Frau Kunneware seit vielen Jahren nicht hatte lachen können. Sie hatte gelobt, sie werde erst wieder lachen, wenn sie den vornehmsten und tapfersten Ritter der Welt erblicke. An Artus' Hof versammelten sich ja die vornehmsten und tapfersten Ritter. Und nun lachte sie den jungen Narren an, der da unten im Burghof auf seinem elenden Pferd saß, mit Wurfspeeren auf dem Rücken. Sollte das der tapferste Ritter der Welt sein?

Verwundert und erregt waren alle, aber Herr Keye war außer sich vor Empörung. Er ergriff Frau Kunneware bei ihren langen Zöpfen und schlug sie mit einem Stecken auf den Rücken, bis er zerbrach. Dabei rief er: «Ihr habt Euer Ansehen schmählich verraten! Viele edle Helden sind zu König Artus gekommen, ohne daß Ihr je gelacht hättet. Diese habt Ihr nun beleidigt dadurch, daß Euch dieser Narr zum Lachen bringt!»

Parzival war nahe genug, um die Demütigung der edlen Frau wahrzunehmen und auch zu verstehen, daß es irgendwie um ihn ging. Er wollte zu ihrem Schutz eingreifen, und seine Hand fuhr bereits zu einem Wurfspeer, doch war das Gedränge zu groß und die Gefahr bestand, daß er auch sie treffen könnte statt ihren Züchtiger, und so ließ er die Hand wieder sinken.

Der Knappe Iwanet führte nun Parzival zum Burgtor hinaus und wies ihm noch den Weg durch die Gassen zu jenem Tor in der Stadtmauer, wo der rote Ritter wartete. Hier blieb Iwanet zurück, und Parzival ritt alleine zum Tor hinaus.

Er sagte zu dem roten Ritter: «Ich habe dem König deine Botschaft überbracht, aber niemand wollte den Kampf mit dir aufnehmen. Der König hat mir dein Pferd geschenkt und deine Rüstung und Waffen. Gib sie mir sofort, da nun alles mir gehört.»

«Wenn der König dir meinen Harnisch geschenkt hat, so hat er dir auch mein Leben geschenkt, wenn du es nehmen kannst», erwiderte der Ritter ruhig.

Parzival ritt an ihn heran, ergriff die Zügel seines Pferdes und sagte: «Ich werde dir schon zeigen, daß ich mir nehmen kann, was mein Eigentum ist. Hör auf mit dem Reden und gib den Harnisch her, da er mir vom König geschenkt wurde. Bis du etwa der Ritter Lähelin, der meiner Mutter so viel Böses zugefügt hat?» Als Antwort gab ihm der rote Ritter mit dem Speerschaft einen Stoß vor die Brust, der so gewaltig war, daß Parzival samt seiner Mähre auf die Wiese purzelte.

Parzival war im Nu wieder auf den Beinen, riß rasend vor Wut einen Jagdspeer aus seinem Köcher und warf ihm mit großer Kraft gegen Herrn Ither. Der Wurf war gut gezielt, und der Speer drang zwischen Helm und Visier in das Auge des roten Ritters und durchbohrte den Kopf. Tot fiel der stolze Held von seinem Pferd.

Im nächsten Augenblick stand Parzival über ihn gebeugt und bemühte sich, dem Toten die Rüstung abzunehmen. Aber vergebens, denn sie saß wie angegossen auf dem Leib des Gefallenen. Da kam der Knappe Iwanet, der auf der anderen Seite des Stadttores gewartet hatte, ihm zu Hilfe. Er hörte die Pferde wiehern, die herrenlos auf der Wiese herumgaloppierten und fand Parzival in kindlicher Verlegenheit über den toten Ritter gebeugt. Schnell sprang er herbei und bewunderte Parzivals kühne Tat. «Gott lohne es dir», erwiderte Parzival, «aber nun zeige mir, wie ich diese Rüstung hier abnehmen kann, denn ich weiß nicht, wie ich es anfangen soll.» Als Knappe war Iwanet wohlvertraut mit der Kunst, die Ritter zu waffnen und zu entwaffnen. Er half ihm, Harnisch und Beinschienen anzulegen und wollte ihm auch die Narrenstiefel von den Füßen ziehen, was Parzival jedoch nicht duldete. «Die hat mir meine Mutter gegeben, die behalte ich.» Iwanet reichte ihm dann den Helm, gürtete ihn mit dem Schwert und zeigte ihm auch, wie er es im Streit führen solle. Parzival wollte den Köcher mit den Jagdspeeren wieder umschnallen, aber daran hinderte ihn Iwanet mit den Worten: «Das sind keine ritterlichen Waffen.» Statt dessen holte er das Streitroß des roten Ritters, das noch immer auf der Wiese herumlief, und mit einem Sprung saß Parzival im Sattel. Iwanet reichte ihm Schild und Speer und zeigte ihm, wie er sich mit dem Schild im Streit schützen müsse und wie er den Speer zu führen habe.

Dann nahm Parzival von Iwanet Abschied: «Ich habe nun das erworben, worum ich König Artus gebeten hatte. Ich bitte dich, kehre zu ihm zurück und sage ihm, daß ich immer bereit bin, ihm zu dienen. Aber sage ihm auch, daß ich Klage erhebe: an seinem Hofe ist meine Ehre gekränkt worden, als eine Jungfrau um meinetwillen geschlagen wurde. Ihre Jammerrufe schmerzten mich tief, ihr unverdientes Leid hat mein Herz tief getroffen. Gib dem König auch seinen goldenen Becher zurück. Und nun verlasse ich dich, lieber Freund.» Mit diesen Worten gab er seinem Pferd die Sporen und ritt davon, ohne den roten Ritter mit einem Blick, ja auch nur mit einem Gedanken zu würdigen.

So war der stolze Herr Ither von Kukumerland nicht im ritterlichen Streit gefallen, sondern ein armseliger Jagdspeer hatte ihm den Tod gebracht. Iwanet holte einen Arm voll Wiesenblumen und Zweige und breitete sie wie eine Decke über den Toten. Den Jagdspeer, der den Kopf des Ritters durchbohrt hatte, zog er heraus und drückte einen geraden Zweig auf die Spitze, so daß der Speer zum Kreuzeszeichen wurde. Dieses steckte er neben dem Toten in die Erde. Dann nahm er den goldenen Becher und kehrte in das Schloß zurück, um dort zu berichten, was vorgefallen war.

Seine Botschaft erregte große Trauer und Bestürzung, denn Herr Ither von Kukumerland war ein tapferer und weithin berühmter Ritter gewesen. Und die Trauer war groß, daß er einen so schmachvollen Tod hatte erleiden müssen. In feierlicher Prozession mit König Artus an der Spitze wurde der tote Ritter in die Stadt getragen, um dort ehrenvoll bestattet zu werden.

Auf dem Roß des roten Ritters aber sprengte Parzival durch die Lande. Dieses Roß hatte so große Kräfte, daß es niemals müde wurde, ja nicht einmal in Schweiß geriet, wie hart es auch geritten wurde. Parzival ließ dem

Hengst die Zügel, und er galoppierte fast den ganzen Tag und legte eine Strecke zurück, für die jeder andere Reiter zwei Tage gebraucht hätte.

Gegen Sonnenuntergang erblickte Parzival eine Burg, und als er näherkam, sah er davor eine große Linde, in deren Schatten geruhsam der Burgherr, Fürst Gurnemanz, saß.

Parzival ritt an ihn heran. Nach den Anstrengungen des langen Tages war er so müde, daß er sich kaum im Sattel aufrecht halten konnte. Seine müden Hände konnten den Schild nicht mehr richtig führen, und er schwankte hin und her. Der Burgherr erblickte mit Staunen den seltsamen Fremdling, der da über die Wiese auf ihn zugeritten kam: Ein Ritter in voller Rüstung auf einem stattlichen Pferd, der seine Waffen nicht recht zu führen verstand. Und noch mehr erstaunte der Burgherr, als er den Gruß des Fremdlings hörte: «Gott behüte Euch, so befahl mir meine Mutter, jedermann zu begrüßen, und sie sagte auch, wenn ich einem grauhaarigen Mann begegne, dann möchte ich ihn doch um gute Ratschläge und Unterweisung bitten.»

«Wenn Ihr bei mir gute Ratschläge sucht, so will ich sie Euch gerne geben. Ich bitte Euch, bleibt mein Gast», antwortete der Fürst freundlich. Ein Sperber saß auf der Hand des Fürsten, und als dieser die Hand hob, flog der Sperber zur Burg hin und ließ ein goldenes Glöcklein erklingen, das an seinem Fuß hing.

Auf dieses Zeichen kamen Knappen herangeeilt, um die Wünsche ihres Herrn zu erfahren, und er befahl ihnen, den Gast in die Burg zu führen und für seine Bequemlichkeit zu sorgen. Die Knappen führten nun Parzival in den Burghof hinein, wo viele Ritter versammelt waren, und baten ihn, vom Pferd zu steigen. Er aber weigerte sich in seiner Einfalt: «Ein König hat mich zum Ritter gemacht und mir Rüstung und Pferd geschenkt, ich werde nicht von meinem Pferd absitzen. Aber Gott behüte Euch!, so hat meine Mutter mir geboten, alle zu begrüßen, denen ich begegne.»

Sie dankten ihm für seinen Gruß, und mit vielen guten Worten gelang es ihnen schließlich, ihm klarzumachen, daß er selbst wie auch sein Pferd müde sei und der Ruhe bedürfe. So saß er ab und wurde in eine Kemenate geführt, und wieder bedurfte es vieler guter Worte, bis er sich entwaffnen ließ.

Groß war das Erstaunen der Ritter und Knappen, die ihm behilflich waren, als unter der kostbaren Rüstung die armselige Narrentracht und die ungegerbten Stiefel zum Vorschein kamen. Ein Ritter brachte dem Burgherrn Kunde von der seltsamen Tracht seines Gastes, aber er setzte auch hinzu: «Ein edleres Menschenkind habe ich nie gesehen! Die Glückseligkeit selbst scheint mir aus diesen Augen zu strahlen. Heil der Mutter, die ihn zur Welt brachte! Seltsam jedoch, unter der Rüstung hat er einige blutige Quetschungen, die gar nicht zu der Narrentracht passen. Wie kann er sie nur bekommen haben?»

«Hat er sie etwa im Kampf zu Ehren einer edlen Frau erhalten?» fragte der Burgherr. «O nein, sein Betragen und seine Sprache zeigen deutlich, daß er noch keine Ahnung vom Minnedienst hat, und doch ist seine Schönheit so groß, daß sie sehr wohl Liebe und Verlangen in einem Frauenherzen wecken könnte.»

Fürst Gurnemanz ging nun selbst zu dem Gast, wusch und verband seine Wunden mit eigener Hand und war in allem so besorgt, daß ein liebevoller Vater es nicht besser hätte tun können. Danach führte er Parzival zum Nachtmahl in einen anderen Raum, und beim Anblick des gedeckten Tisches und der duftenden Speisen spürte Parzival einen gewaltigen Hunger. Er hatte ja den ganzen Tag nichts zu sich genommen. Der Burgherr legte ihm von den Gerichten vor, freute sich, wie schnell der Teller leer wurde, und füllte ihn mehrmals wieder.

Als die Mahlzeit beendet war, sagte er zu seinem Gast: «Ich denke, Ihr seid jetzt sehr müde, denn Ihr seid wohl heute sehr früh aufgebrochen?» «Wahrhaftig, um diese Zeit schlief meine Mutter sicher noch, sie mag nicht so früh aufstehen.»

Gurnemanz lächelte und führte seinen Gast in ein Schlafgemach. Bald schlief Parzival tief. Er war so müde und sein Schlaf so fest, daß er sich nicht ein einziges Mal umdrehte.

Am Morgen erwachte er davon, daß Knappen eine Holzwanne in das Zimmer trugen. Sie stellten die Wanne an das Fußende des Bettes, füllten sie mit warmem Wasser, warfen Rosen hinein und luden Parzival ein, ins Bad zu steigen. Nach dem Bade zogen sie ihm ein scharlachrotes Gewand mit einem goldenen Gürtel an. Als Parzival fertig war, trat der Burgherr in das Zimmer, begrüßte seinen Gast und fragte, ob er gut geschlafen habe. Parzival dankte und meinte: «Ich wäre wohl kaum mit dem Leben davongekommen, wenn mir meine Mutter nicht geraten hätte, mich an Euch zu wenden. Gott lohne es Euch. Ihr habt mir große Güte gezeigt, edler Herr.»

Nun gingen sie zusammen in die Burgkapelle, wo die Frühmesse gelesen wurde. Gurnemanz belehrte ihn nachher über die Bedeutung der Messe.

Denn für die ewige Seligkeit des Menschen bedeutet es viel, daß er am Meßopfer teilnimmt, das Kreuzeszeichen erblickt und das Böse meidet.

Danach führte der Burgherr seinen Gast an den reichgedeckten Frühstückstisch, und erst jetzt begann er, Fragen an ihn zu richten. Er fragte ihn, woher er gekommen und wohin er unterwegs sei, und Parzival erzählte von seinem Leben bei der Mutter im Walde, von der Begegnung mit den Rittern und wie er schon am nächsten Tag die Mutter verlassen habe; von Frau Jeschute, von dem Ring und der Spange und schließlich auch, auf welche Weise er seinen Harnisch gewonnen hatte. Fürst Gurnemanz kannte den roten Ritter gut und seufzte tief aus Schmerz über seinen Tod.

Dann sagte er aber zu Parzival: «Jetzt seid Ihr der rote Ritter, und ich will Euch unterweisen in allem, was zu einem ritterlichen Betragen gehört, damit Ihr diesem Namen Ehre machen könnt. Zunächst dieses: Ihr plappert wie ein kleines Kind. Hört auch auf, Euch ständig auf Eure Mutter zu berufen, und hört gut hin auf das, was ich Euch jetzt lehren will. Vor allem versäumt nicht, Euer eigenes Verhalten zu prüfen: ein unbedachter Mensch ist nichts wert. Ihr habt alle Gaben und die edle Gesinnung, die der braucht, der andere führen will. Vergeßt aber nie das Erbarmen mit den Notleidenden, und bemüht Euch immer um Demut. Übt Freigiebigkeit ohne Verschwendung. Seid sparsam, ohne geizig zu sein. Haltet rechtes Maß in allen Dingen. Auch sollt Ihr nicht zu viel fragen. Gebraucht lieber Eure Sinne, um Euren Verstand auszubilden. Zeigt Euren Feinden Erbarmen. Will sich ein besiegter Ritter Euch ergeben, so begnadigt ihn und laßt ihn leben. Müßt Ihr Waffen tragen, so denkt daran, den Rost von Gesicht und Händen zu waschen, wenn Ihr die Rüstung ablegt, denn darauf achten die Frauen. Seid ein Mann und bewahrt Euch eine freimütige Gesinnung, so werdet Ihr Preis und Ehre gewinnen.

Aber ich will Euch mehr von den Frauen sagen. Seid immer treu und aufrichtig zu ihnen. Mann und Weib, sie sind eins, so wie die Sonne und das Licht eins sind. Sie blühen hervor aus demselben Kern und können nicht voneinander getrennt werden. Das dürft Ihr nie vergessen!»

Parzival war dem Burgherrn herzlich dankbar für die Belehrung. Fortan schwieg er von seiner Mutter, aber im Herzen bewahrte er ihr die Treue.

«Nun will ich Euch lehren, was ein rechter Ritter tun und lassen muß», sprach Gurnemanz. «Wie kamt Ihr gestern dahergeritten! Ich habe manche Wand gesehen, wo der Schild besser hing als an Euch. Laßt uns auf das Turnierfeld hinausgehen, da sollt Ihr die ritterlichen Künste lernen!»

Dann sagte er zu den wartenden Knappen: «Gebt ihm sein Pferd, und bringt mir das meinige. Auch die Ritter und Junker sollen mitkommen, und jeder soll einen starken neuen Speer mitbringen.»

Sie stiegen zu Pferd und ritten auf die große grüne Wiese hinaus. Hier lehrte der Burgherr seinen Gast, das Pferd mit Schenkeldruck und Sporen zu lenken, die Lanze richtig einzulegen und sich mit dem Schild vor dem Stoß des Gegners zu decken. Dann ließ er Parzival zu einem ersten Turnierkampf antreten. Ein starker Ritter war sein Gegner, und im Galopp ritten sie aufeinander zu. So hart traf Parzival seines Gegners Schild, daß er ihn aus dem Sattel hinter sein Pferd schleuderte. Alle staunten über seine Kraft und Gewandtheit. Jetzt trat ein zweiter Ritter an. Parzival warf sein Pferd in vollem Galopp in den Angriff und zielte auf die vier Nägel in der Mitte des Schildes. So warf er auch diesen Ritter aus dem Sattel und noch manchen anderen, bis der Burgherr die Spiele abblasen ließ und mit Parzival in die Burg zurückkehrte.

Die Ritter aber freuten sich und sagten zueinander: «Jetzt hat der Kummer unseres Herrn wohl bald ein Ende, denn da ist ihm ein schöner Ersatz ins Haus geritten für seine drei toten Söhne. Jetzt wird er wieder jung, und vielleicht vermählt er dem Fremden unsere junge Herrin, die schöne Liase. Dann zieht die Freude wieder ein in diese Burg, wo die Trauer so lange geherrscht hat.»

Als das Abendessen aufgetragen wurde, führte Gurnemanz seine Tochter Liase in den Saal. Erst auf die Ermahnung des Vaters hatte sie Parzival einen Willkommenkuß gegeben, wie es Sitte und Anstand gebot. Dann bat er Parzival, neben ihr Platz zu nehmen, und sie legte ihm nun mit ihren weißen zarten Händen von allen Gerichten auf den Teller.

Zwei Wochen blieb Parzival in dieser Burg, wo man ihn mit so großer Gastfreundschaft empfangen hatte und wo man so große Hoffnungen auf ihn setzte. Er fühlte sich schon zu der schönen Jungfau Liase hingezogen, und vielleicht hoffte auch ihr Vater, daß Parzival um ihre Hand anhalten würde. Doch empfand dieser immer deutlicher, daß er noch nicht reif war für das Leben, das ihm hier angeboten wurde. Unrast kam in seinem Herzen auf. Er wollte erst in die Welt hinausziehen und sich dem neu erworbenen ritterlichen Range würdig zeigen, denn er hatte ja seine Kraft noch nicht in einem wirklichen Kampf erprobt. Und so geschah es, daß er Gurnemanz aufsuchte, ihm herzlich dankte für die Gastfreundschaft, die er genossen hatte, und für die Unterweisung, die ihm zuteil geworden war.

Für den schon alternden Fürsten war dieser Abschied ein neuer Schicksalsschlag. Mit wehmütigem Herzen sprach er: «Ich habe schon drei Söhne verloren und nun verlier ich den vierten. Vor nicht langer Zeit ist mein jüngster Sohn im Dienst der Königin Kondwiramur gefallen. Ich hatte gehofft, Ihr würdet an seine Stelle treten!»

Parzival fühlte tiefes Mitleid mit dem väterlichen Freund: «Glaubt mir, gerne würde ich Eure Trauerbürde erleichtern. Wenn ich wirklich ein Ritter geworden bin, dann bitte ich Euch um die Erlaubnis, wiederkommen und um Eure Tochter werben zu dürfen.»

Damit nahm Parzival Abschied von Gurnemanz und seinem Gefolge und ritt in die Welt hinaus.

VIERTES BUCH

PARZIVAL UND KONDWIRAMUR

So war Parzival von Gurnemanz hinweggeritten. Er hatte jetzt die edle Haltung des Ritters und wußte sich mit ritterlichem Anstand zu betragen. Aber seine Seele war betrübt, und sein Herz war schwer. Der Wald um ihn herum schien ihm eng. Das Grün der Bäume und Wiesen schien ihm fahl und verwelkt, ja sogar sein roter Harnisch hatte für ihn den Glanz verloren. Es war sein Herz, das seine Augen so verwirrte. Es war, als ob Gachmurets Erbe in ihm erwacht wäre, und er mußte immerzu an die schöne Liase denken, die holde Jungfrau, die er hätte gewinnen können.

Er gab dem Pferd die Zügel frei und ließ sich willenlos in die weglose Wildnis hineintragen. Als der Abend herankam, lichtete sich der Wald, und ein Tal öffnete sich vor ihm, von einem Fluß in schnellem Lauf durchflossen. Am anderen Ufer erhoben sich Mauern und Türme einer Stadt. Über den Fluß führte eine schmale Hängebrücke zu einem Tor in der Stadtmauer.

Parzival ritt auf die Brücke zu. Jenseits, vor dem Tore, stand eine Schar von Rittern, die ihm Drohungen entgegenriefen und auch drohend die Schwerter schwangen. Parzival ließ sich nicht davon abschrecken, sondern ritt ruhig weiter.

Aber die Brücke war so schmal und schwankend, daß das Pferd zurückscheute. Da saß Parzival ab, ging zu Fuß hinüber und führte das Pferd am Zügel hinter sich her. Die Ritter verschwanden eilig in das Tor hinein und schlossen es hinter sich zu.

Parzival sah einen eisernen Ring am Tor und klopfte kräftig damit an. Da wurde ein Fensterchen neben dem Tor geöffnet. Eine junge Frau schaute heraus und fragte, was er wünsche. Parzival antwortete: «Edle Frau, hier steht ein Ritter, der Euch gern dienen möchte. Wenn ich dazu imstande bin, soll Euer Gruß mir Lohn genug sein. Verfügt über mich!»

Da eilte die Jungfrau zu ihrer Herrin, das war die Königin Kondwiramur, und teilte ihr mit, daß ein fremder Ritter draußen stehe, der seine Hilfe anbiete. Und die Königin befahl, ihm das Tor zu öffnen. Ein Knappe ließ Parzival herein und führte ihn durch die Straßen zur Burg hinauf. In den Straßen waren viele Menschen unterwegs. Gruppen von bewaffneten Bürgern und Handwerkern waren damit beschäftigt, sich auf den Kampf vorzubereiten und die Mauern und Türme zur Verteidigung zu verstärken. Sie waren alle abgemagert und blaß, und man sah ihnen an, daß sie lange gehungert hatten.

Im Burghof wuchs eine große Linde. Hier wurde Parzival von Rittern und Hofleuten empfangen. Er wurde entwaffnet, und man reichte ihm Wasser, um den Rost von Gesicht und Händen zu waschen. Ein Mantel wurde ihm über die Schultern gelegt, und man führte ihn in das Schloß Belrapeire hinein und eine Treppe hinauf. Oben wurde er von der jungen Königin empfangen, die von zwei grauhaarigen Männern begleitet war. Es waren zwei Herzöge, die Brüder ihres verstorbenen Vaters, die dem Schwert zu Ehren Gottes entsagt hatten und dem geistlichen Stand angehörten.

Die Königin begrüßte Parzival mit dem üblichen Willkommenkuß und führte ihn in ein Gemach hinein, wo sie Platz nahmen. Parzival sah, daß die Ritter und Hofleute ebenso mager und grau im Gesicht waren wie die Menschen in den Straßen. Auch die junge Königin hatte schmale Wangen und sah leidend aus. Und doch war sie so strahlend schön, daß der Tag heller zu werden schien, wenn sie ein Zimmer betrat. Es war ein Glanz um sie, wie man ihn von keiner anderen Frau kannte.

Parzival dachte bei sich: Ich habe heute morgen Liase verlassen, nun finde ich eine neue Liase hier. Wie eine taufrische Rose, die sich eben geöffnet hatte, saß die junge Königin neben ihm, rot und weiß zu gleicher Zeit, so schien es ihm.

Die beiden jungen Menschen saßen recht lange stillschweigend nebeneinander. Parzival dachte an die Unterweisung des Fürsten Gurnemanz, und wollte keine unnützen Fragen stellen. Und die Königin wunderte sich im stillen, warum er so schweigsam war. Verachtet er mich etwa, weil ich mager und blaß bin, fragte sie sich. Ach nein, es ist sicher seine gute Erziehung, die ihn schweigen läßt. Ich muß wohl als Hausherrin zuerst das Wort ergreifen.

«Edler Herr», sagte sie da, «ich bin ja hier die Gastgeberin und muß wohl zuerst sprechen. Ihr habt uns Eure Hilfe angeboten, so hat man mir gesagt. Solche Worte habe ich nicht oft gehört von unseren Gästen, so sehr mein Herz sich auch danach sehnte. Lieber Herr, laßt mich jetzt erfahren, woher Ihr zu uns gekommen seid.»

«Edle Herrin», antwortete Parzival, «ich komme von dem Lande Grahars. Dort herrscht der Fürst Gurnemanz. Von ihm habe ich heute morgen Abschied genommen.»

«Wenn jemand anders mir dies erzählt hätte», verwunderte sich die Königin, «so hätte ich ihm nicht glauben können. Meine schnellsten Boten brauchen mehr als zwei Tage für diesen Weg. Die Schwester von Fürst Gurnemanz war meine Mutter. Er hat schwere Schicksale erlebt. Seine schöne Tochter Liase und ich haben schon manchen Tag zusammen geweint und getrauert. Nun bitte ich Euch, mit dem wenigen, was wir hier anbieten können, vorliebzunehmen. Es mangelt uns seit langem an allem, was zum Leben nötig ist. Ihr müßt jetzt diesen Mangel mit uns teilen.»

Nach einem kargen Mahl wünschte die Königin ihrem Gast eine gute Nacht, und er wurde von zwei Rittern in ein prachtvolles Schlafgemach geführt, wo Pagen ihm halfen, Mantel und Schuhe abzulegen. Er legte sich auf das Bett und, müde nach dem langen Tagesritt, schlief er bald ein.

Mitten in der Nacht erwachte er aber aus dem tiefen Schlaf dadurch, daß jemand schluchzte und weinte. Es war die junge Königin, die neben seinem Bett kniete. Parzival richtete sich etwas auf und sagte, auf den Ellenbogen gestützt: «Edle Herrin, nur vor Gott solltet Ihr das Knie beugen. Setzt Euch her zu mir, oder legt Euch hier auf meinen Platz und laßt mich ein anderes Lager suchen.» Aber das wollte Kondwiramur nicht. Sie setzte sich schüchtern auf den Bettrand, aber es war kalt in dem Schlafgemach, und nachdem er feierlich versprochen hatte, ihre jungfräuliche Ehre nicht zu kränken, legte sie sich schließlich auf das Bett neben ihn und erlaubte ihm, die Bettdecke über sie zu breiten.

Und so, neben ihm liegend, öffnete sie ihr Herz und erzählte ihm ihre Not. Trotz ihrer Jugend war sie elternlos und einsam. Erst war ihre Mutter gestorben, und dann auch ihr Vater, der König Tampenteire. Kurz nach dem Tode des Vaters kamen Boten von dem jungen König Klamidé, der um ihre Hand anhielt. Sie sollte seine Gemahlin werden und er damit Herrscher auch über ihr Reich. Aber der Gedanke, diesen König zu heiraten, war ihr tief zuwider, und sie schlug seinen Antrag ab. Weinend sagte sie zu Parzival: «Lieber würde ich mich von der Zinne des Turmes herabstürzen als seine Gemahlin zu werden.»

Der verschmähte Freier rächte sich mit einem Angriff auf ihr Land. Er hatte das ganze Land erobert, außer der Hauptstadt Belrapeire, die hart belagert war von ihm und seinem Seneschall Kingrun. In diesen Kämpfen war ein Sohn des Gurnemanz, Schenteflurs, von Klamidé getötet worden. Und das hatte den Gedanken an eine Heirat mit Klamidé noch abscheulicher für Kondwiramur gemacht. Schenteflurs war ja ihr Vetter.

Wie ermattet waren nun die Verteidiger der Stadt nach der langen Belagerung! Sie würden nicht mehr lange standhalten können, und Kondwiramur sah den Tod immer näher kommen. Denn wenn König Klamidé siegte, würde sie sich von der Zinne des Turmes herabstürzen. Zur Zeit war König Klamidé in sein Land zurückgekehrt, wohl um Verstärkungen zu holen, aber die Belagerung wurde von dem Seneschall Kingrun aufrechterhalten.

Als Parzival ihre Erzählung gehört hatte, sagte er: «Herrin, wie stark Kingrun auch sei, ich werde Euch vor ihm beschützen.»

Als der Tag graute, suchte Kondwiramur wieder ihr eigenes Schlafgemach auf, aber Parzival fand keinen Schlaf mehr. Als die Sonne aufging, fingen die Glocken der Burg an zu läuten, um die Bewohner der Burg zur Morgenmesse zu rufen. Parzival folgte ihrem Ruf. Nach der Messe ließ er sich wappnen und stieg zu Pferd.

Vor den Mauern der Stadt rückte Klamidés Heer unter wehenden Fahnen heran, mit dem Seneschall Kingrun an der Spitze. Parzival ritt zu einem der Stadttore hinaus und erwartete den Feind draußen auf dem Feld. Als Kingrun nahe genug heran gekommen war, stürmte Parzival so gewaltig gegen ihn an, daß beim Zusammenprall die Sattelgurte beider Pferde rissen und die Pferde in die Knie sanken. Die Ritter sprangen ab und kämpften zu Fuß weiter. Parzival drang mit rasender Kraft auf Kingrun ein. Kingrun wurde am Arm und an der Brust verwundet, bekam einen Hieb über den Helm und fiel schließlich zu Boden. Parzival kniete auf seine Brust und hob sein Schwert über ihn. Da erklärte Kingrun sich besiegt und bot seine Unterwerfung an. Er verpflichtete sich, alles auszuführen, was Parzival von ihm verlangte, wenn ihm nur sein Leben geschenkt werde.

Parzival gab ihm den Auftrag, König Artus' Hof aufzusuchen und sich dort Frau Kunneware zu unterwerfen. Ihr solle er sagen, daß Parzival erst dann wieder Freude am Leben haben werde, wenn die Schande gesühnt sei, die sie seinetwegen unverschuldet hatte erleiden müssen.

Kingrun versprach bei seiner Ritterehre, diesen Auftrag auszuführen, und kehrte zu dem wartenden Heer zurück. Er befahl den Heerscharen, in ihre Stellungen zurückzukehren, und dort weitere Befehle von König Klamidé abzuwarten. Er selbst begab sich auf den Weg zu König Artus.

Ein Knappe hatte Parzivals Pferd eingefangen und den Sattelgurt wieder festgezogen. Parzival saß auf und ritt in die Stadt zurück, wo er von Kondwiramur mit offenen Armen empfangen wurde. «Niemals werde ich einem anderen Mann angehören als demjenigen, den ich hier umarme», rief sie jubelnd. Sie entwaffnete ihn mit eigenen Händen und führte ihn dann zu der dürftigen Mahlzeit.

Unterdessen versammelten sich die Bürger der Stadt im Burghof, und nach der Mahlzeit führte Kondwiramur Parzival dorthin. Sie huldigten ihm als ihrem Herrn und König und schwuren ihm Treue. In diesem Augenblick kam eine Freudenbotschaft von dem Hafen – Belrapeire lag ja an der Küste –: zwei Schiffe, voll geladen mit Lebensmitteln, waren gerade in den Hafen eingelaufen. Es war ihnen gelungen, an den feindlichen Schiffen vorbei den Hafen zu erreichen.

Der Burggraf hielt die hungernden Stadtbewohner zurück, die fast die beiden Schiffe gestürmt hätten, und führte die Kaufleute zur Burg. Parzival kaufte ihnen die ganze Ladung zu doppeltem Preis ab, denn Belrapeire barg große Schätze an Gold und Edelsteinen.

Mit Hilfe des Burggrafen teilte er dann die ganze Ladung gerecht zwischen der Burg und der Stadt und beauftragte den Burggrafen, die Vorräte gerecht unter die Stadtbewohner zu verteilen. Nun tropfte wieder Bratenfett in die schnell angefachten Herdfeuer, und man trank nicht etwa Bier, sondern süßen Wein.

In der Burg verteilte Parzival selbst die Speisen, und er war sehr darauf bedacht, daß sich niemand die leeren Mägen überlade, wie es die Gefahr war nach der langen Hungerzeit. Maßvoll teilte er an alle aus.

Nach der Abendmahlzeit fragte der Seneschall, ob das junge Königspaar jetzt Beilager halten wolle. Sie bejahten dies und zogen sich zurück in das Schlafgemach der Königin. Und nun ruhten die beiden genauso ruhig und keusch nebeneinander wie in der vorhergehenden Nacht. Kondwiramur blieb jungfräulich und unberührt, aber in ihrer Unschuld glaubte sie, sie wäre nun Parzivals Ehefrau geworden. Und am Morgen legte sie die Kopfbedeckung der verheirateten Frauen an. In Anwesenheit ihres Hofes übergab sie dann feierlich ihre Burgen und ihr Land an ihren Gemahl Parzival, denn er war nun ihr herzallerliebster Freund.

So lebten sie zwei Tage und zwei Nächte zusammen, aber in der dritten Nacht erwachte in Parzival die Erinnerung an der Mutter Rat, er solle die Frau fest in die Arme schließen und auch Gurnemanz hatte ihn ja gelehrt, daß Mann und Frau in Wahrheit eins seien. So nahm er seine junge Frau in die Arme. Sie fanden die Nähe süß, und sie übten den alten und immer neuen Brauch, und es war ihnen wohl zumute dabei, und Freude erfüllte ihre Seele.

Am dritten Tag meldeten die Späher, die von den Stadtmauern Ausschau hielten, daß ein Heer gegen die Stadt vorrücke. An der Spitze ritt König Klamidé, der nun mit Verstärkung aus seinem Lande zurückgekehrt war. Unterwegs hatte er erfahren, daß Kondwiramur jetzt einen Verteidiger gefunden hatte und daß Kingrun den Kampf verloren hatte, aber er rückte trotzdem weiter gegen Belrapeire vor.

Die Stadtbewohner trafen mit neuem Mut und neuen Kräften ihre Vorbereitungen zur Verteidigung der Stadt. Feuer wurden auf den Stadtmauern angezündet, denn brennendes Pech sollte von den Mauern auf den Feind herabgegossen werden. Es begann ein harter und langer Kampf. Die Angreifer hatten fahrbare Türme, Wurfmaschinen und Mauerbrecher herangeführt, aber den Verteidigern gelang es, alles in Brand zu setzen. Parzival ließ eines der Stadttore öffnen und unternahm mit seinen Rittern einen Ausfall. Viele Gefangene machte er und drängte die Angreifer zurück. Dann versuchte er durch das Getümmel an Klamidé heranzukommen, um mit ihm Mann gegen Mann zu kämpfen, aber da gab Klamidé das Zeichen zum Rückzug, und das feindliche Heer brach den Kampf ab.

Nun trat eine Waffenruhe ein, die drei Tage dauerte. Beide Seiten pflegten ihre Verwundeten. Parzival bewirtete die gefangenengenommenen Kämpfer bestens, ließ sie sich unterwerfen und sandte sie dann zurück zu König Klamidé. Dort empfing man sie mit mitleidigen Ausrufen: «Ihr Armen habt sicherlich Hunger leiden müssen!» Sie aber antworteten: «In der Stadt gibt es Lebensmittel genug für ein ganzes Jahr, ja, die Vorräte sind so reich, daß sie auch für uns noch ausreichen könnten.»

Da sandte König Klamidé Boten an Kondwiramur und ließ ihren Gemahl zum Zweikampf herausfordern. Parzival war hocherfreut über diese Botschaft: «Bei meiner Ehre, niemand aus unserem Heer wird mir während des Zweikampfes zur Hilfe kommen, auch wenn ich in Bedrängnis geraten sollte.»

Am nächsten Morgen ließ Parzival sich waffnen, stieg zu Pferd und ritt durch ein Stadttor hinaus auf das offene Feld, auf dessen anderer Seite Klamidés Heer lagerte. Von dort kam nun Klamidé in einer prachtvollen Rüstung und auf einem stattlichen Roß herangesprengt.

Parzivals Roß war gepanzert unter der roten Satteldecke, und seine Rüstung und Waffen leuchteten rot in der Morgensonne. Die beiden bartlosen Jünglinge gerieten mit gewaltiger Kraft aneinander und kämpften lange, ohne daß einer den anderen aus dem Sattel werfen konnte. Als die Pferde unter ihren Reitern erschöpft zusammenbrachen, ging der Kampf zu Fuß weiter. Parzivals Schwerthiebe waren so hart und kamen so dicht, daß Klamidé glaubte, er stünde in einem Regen von Steinen, die von den Steinschleudern der Burg kämen. Aber Parzival rief: «Hier kämpfe nur ich allein, dafür gab ich mein Ehrenwort.» Und sie kämpften weiter.

Schließlich sank Klamidé erschöpft zu Boden. Blut floß ihm aus Nase und Ohren. Parzival nahm ihm den Helm ab und rief mit erhobenem Schwert: «Nie wieder wirst du meine Gemahlin bedrängen! Jetzt erfährst du, was sterben heißt.» – «Ach nein, edler Herr», antwortete Klamidé, «Ihr habt dreißigfache Ehre gewonnen durch diesen Sieg. Mein Tod kann Euren Ruhm nicht mehr erhöhen.»

Parzival besann sich darauf, daß Gurnemanz ihn gelehrt hatte, kraftvolle Tapferkeit solle immer von Erbarmen begleitet sein, und er sagte: «Gut! Unterwerft Euch und zieht zu Gurnemanz, um Euch in seinen Dienst zu stellen!» – «Das würde mein Tod sein», antwortete Klamidé, «denn Gurnemanz' Sohn ist ja im Kampfe mit mir gefallen. Ich bitte Euch, erbarmt Euch!« – «So ziehet dann statt dessen zu König Artus' Hof und sucht Frau

Kunneware auf. Die hat meinetwegen Scham und Schande ausstehen müssen. Sagt ihr, daß ich keinen Freudentag erleben werde, ehe sie nicht Genugtuung erfahren hat.»

Und damit ging Parzival zu seinem Pferd, das wieder zu Kräften gekommen war, sprang mit einem Satz in den Sattel, ohne die Steigbügel zu benutzen, und kehrte zur Stadt zurück, wo er von den Stadtbewohnern mit Jubel begrüßt wurde. Sie hatten von den Stadtmauern aus dem Kampfe zugeschaut.

Auf dem Kampffeld kamen Klamidés Knappen ihrem Herrn zu Hilfe und trugen ihn in das Zeltlager. Als er sich nach einigen Tagen erholt hatte und das Heer seine Toten begraben hatte, gab Klamidé den Befehl zum Rückzug. Er sandte sein Heer in sein Land zurück und begab sich selbst alleine auf den Weg zu König Artus.

Dorthin war ja schon sein Seneschall Kingrun einige Tage früher gekommen, zum nicht geringen Erstaunen von König Artus und seinen Rittern. Und zum nicht geringen Schrecken für Herrn Keye, dem es dämmerte, daß er einmal teuer zu entgelten haben werde, was er Frau Kunneware angetan hatte.

Klamidé fand König Artus mit seinem Hofe an einem Ort, Dianasdrun genannt. Er wollte dort das Pfingstfest feiern. Auf der weiten Ebene wuchsen mehr Zeltstangen, als der Spessart Bäume hat. Dorthin kam nun Klamidé mit seinem durchlöcherten Schild und seinem zerhauenen Helm geritten und ließ sich den Weg zu Frau Kunnewares Zelt zeigen.

«Edle Frau», sagte er zu ihr nach der Begrüßung, «ich will Euch treu und tapfer dienen. Der rote Ritter hat mich zu Euch gesandt. Er läßt sagen, daß er keinen Frieden finden wird, ehe Ihr volle Genugtuung bekommen habt für die Schande, die Ihr seinetwegen unverschuldet habt leiden müssen. Edle Frau, ich unterwerfe mich Euch; der mich im Zweikampf besiegt hat, hat es mir befohlen.»

Die Kunde, daß ein neuer Gefangener vom roten Ritter gekommen sei, verbreitete sich rasch durch das ganze Lager und weckte überall Erstaunen und Freude. Nur Herr Keye vernahm es mit Unbehagen und Furcht.

In Frau Kunnewares Zelt wurde nun König Klamidé entwaffnet. Dort befand sich auch sein Seneschall Kingrun. Als der Helm von Klamidés Kopf gehoben wurde, erkannte Kingrun seinen König. In seiner Aufregung stieß er aufspringend den Tisch um und fragte verzweifelt, was denn geschehen sei. Klamidé erzählte von dem Zweikampf und klagte, daß er nun alle Hoffnung verloren hatte, Kondwiramur als Gemahlin zu gewinnen. «Lieber hätte ich auf Krone und Reich verzichtet als auf sie», sagte er.

Aber in Belrapeire und im ganzen Land Brobars herrschte jetzt die Freude. In inniger Minne vereint, waren Parzival und Kondwiramur des höchsten Glückes teilhaftig geworden, und ihr Glück verbreitete sich wie der Sonnenschein durch das ganze Reich. In das Land, das der Krieg verwüstet hatte, kehrten bald wieder Ordnung und Wohlstand zurück. Die Äcker wurden neu besät, die Dörfer wieder aufgebaut. Parzival verteidigte kraftvoll die Landesgrenzen gegen fremde Eindringlinge und zog zwischendurch auch auf Turnier mit seinen Rittern.

Aber eines Tages sagte er doch zu Kondwiramur: «Liebe Gemahlin, ich denke oft an meine Mutter. Ich weiß gar nicht, wie es ihr in der Einsamkeit geht. Vielleicht braucht sie meine Hilfe. Ich bitte dich daher, erlaube mir, daß ich dich für einige Zeit verlasse, um sie aufzusuchen und vielleicht auch das eine oder andere Abenteuer unterwegs zu bestehen.» Kondwiramur liebte ihn so innig, daß sie seine Bitte nicht abweisen wollte, wie schwer es ihr auch wurde. So nahm er denn Abschied von ihr und verließ Belrapeire genauso allein, wie er einmal gekommen war.

FÜNFTES BUCH

PARZIVAL IN DER GRALSBURG

So ritt nun Gachmurets Sohn von dannen. Der Abschied von der Gemahlin, die er so sehr liebte, war schwer gewesen. Trauer erfüllte sein Gemüt, und er war so in die Gedanken an Kondwiramur versunken, daß er das Pferd mit hängendem Zügel, ohne es zu leiten, dahintraben ließ. So ging es Stunde für Stunde durch wegeloses Gelände, durch Wildnis und Moor, über Baumstrünke und durch Dornengestrüpp. Weiter ritt er an diesem Tag als an jenem, wo er von König Artus' Hof nach Grahars geritten war. Ja, er ritt so weit, daß ein Vogel diese Strecke kaum an einem Tage hätte fliegen können.

Gegen Abend öffnete sich der Wald um einen See. Auf diesem See lag, ein Stück vom Ufer entfernt, aber in Rufweite, ein Kahn vor Anker, und einige Männer darin waren mit Fischfang beschäftigt. Parzival konnte die fischenden Männer deutlich sehen. Einer von ihnen trug kostbare Kleidung und einen mit Pfauenfedern geschmückten Hut.

Parzival rief die Männer an und fragte, ob sie ihm wohl eine Herberge für die Nacht nennen könnten. Der prächtig gekleidete Mann antwortete: «Herr, im Umkreis von dreißig Meilen gibt es hier nichts, was von der Arbeit der Menschen zeugt, außer einer Burg, ganz hier in unserer Nähe. Und den

Weg dahin will ich Euch sagen: Dort am Felsen sollt Ihr nach rechts abbiegen, dann findet Ihr einen Fußpfad, der zur Burg hinführt. Wenn Ihr an den Burggraben herankommt, so bittet, man möge Euch die Zugbrücke herunterlassen.»

Parzival sagte dem Fischer Dank und machte sich auf den Weg. Der Fischer rief ihm nach: «Wenn Ihr den rechten Weg findet, so werde ich selbst heute abend Euer Gastgeber sein. Zeigt dann auch gebührende Dankbarkeit für die Gastfreundschaft, die Euch erwiesen wird. Achtet auf den richtigen Pfad! Es sind auch Pfade da, die irreführen.»

Es gelang Parzival, den richtigen Pfad zu finden, und er kam nach einer Weile zum Burggraben. Jenseits des Grabens erhoben sich die mächtigen Mauern der Burg, wie aus dem Felsen herausgehauen. Hinter der äußeren Mauer waren Zinnen und Türme zu sehen. Uneinnehmbar schien fürwahr diese Burg, und ihre Verteidiger hätten eine Belagerung von dreißig Jahren aushalten können, ohne deswegen Not zu leiden.

Ein Knappe, der am Tor Wache hielt, fragte Parzival, woher er komme und wen er suche. Parzival antwortete: «Der Fischer hat mich hergeschickt, und er sagte, Ihr möchtet die Zugbrücke herablassen und mich in die Burg aufnehmen.»

«Edler Herr, hat der Fischer Euch gesandt, dann seid Ihr willkommen. Ihr sollt als ein geehrter Gast empfangen werden», antwortete der Knappe und senkte die Zugbrücke.

Parzival ritt durch das geöffnete Tor und kam auf einen weiten, geräumigen Burghof, dessen Boden nicht von Kampfesspielen zertreten war; überall wuchs dichtes grünes Gras. Da hatte anscheinend lange kein Turnier stattgefunden. Doch schon kamen viele Ritter aus den verschiedenen Teilen der Burg herbei, junge und alte, und Knappen eilten heran, faßten Parzivals Pferd am Zaum und hielten den Steigbügel, so daß der Gast vom Pferd absitzen konnte.

Parzival bemerkte, daß alle, Ritter und Knappen, keine frohen Gesichter hatten, sondern traurig aussahen. Aber sie boten Parzival einen höfischen Willkommensgruß und führten ihn in ein Gemach, wo er von der Rüstung befreit wurde. Als er sich den Rost von Gesicht und Händen gewaschen hatte, staunten alle über seine strahlende Schönheit.

Der Kämmerer brachte einen Mantel aus kostbarer arabischer Seide: «Unsere edle Herrin, die Königin Repanse de Schoye, leiht Euch diesen Mantel», sagte er, «denn wir haben für Euch ja noch keine Kleider.»

Die traurigen Ritter boten jetzt Parzival einen Willkommenstrunk und behandelten ihn in allem wie einen ersehnten und lange erwarteten Gast. Nachdem ein Bote gemeldet hatte, daß der Fischer bereit sei, seinen Gast zu empfangen, wurde Parzival über den weiten Burghof in den großen Rittersaal geleitet.

Es war ein sehr großer und hoher Saal. In der Mitte brannten hundert Kronleuchter mit vielen Kerzen, und die Wände waren von vielen Wandleuchtern strahlend erleuchtet. Hundert Ruhebänke standen an den Wänden. Auf jeder hatten vier Ritter Platz. Vor jeder Bank lag ein kostbarer Teppich.

In der Mitte des Saales waren drei marmorne Kamine aufgemauert, und auf jedem brannte ein helles, duftendes Feuer von Aloeholz, das eine angenehme Wärme verbreitete. An der mittleren Feuerstelle lag der Burgherr selbst auf einem Ruhebett. Er war ein schmerzgequälter Mensch, von dem die Freuden des Lebens schon lange Abschied genommen hatten. Sein Leben glich einem fortwährenden Sterben. Er war in einen kostbaren Zobelpelz gehüllt und trug auch eine Kopfbedeckung aus Zobel, denn ihn plagte eine ständige Kälte in allen Gliedern.

Er hieß Parzival freundlich willkommen und bat ihn, an seiner Seite Platz zu nehmen. Nun kamen die Ritter in den Saal herein und nahmen auf den Ruhebänken Platz, vier auf jeder, alle gleich still und traurig. Staunend sah sich Parzival um in dem weiten, prachtvollen Saal mit den vielen brennenden Kerzen, den hellodernden, duftenden Feuern, den vielen traurigen Rittern und dem kranken Burgherrn an seiner Seite. Und nun begannen seltsame Dinge sich zu ereignen.

Ein Knappe kam zu einer der Türen in den Saal herein. Er trug eine Lanze schräg nach oben gerichtet, und von der Spitze der Lanze floß Blut den Schaft entlang auf die Hand und den Ärmel des Knappen. Bei diesem Anblick brachen alle Ritter in Klagerufe aus. Sie weinten und jammerten laut. Der Knappe trug die blutende Lanze an den vier Wänden des Saales entlang und verschwand schließlich durch dieselbe Tür, durch die er hereingekommen war. Da hörte das Weinen und Jammern auf, und es wurde wieder still in dem Saale.

Nun öffnete sich eine stählerne Tür an der Stirnseite des Saales, und herein traten zwei Jungfrauen mit Blumenkränzen auf den langen blonden Locken. In den Händen trugen sie goldene Leuchter. Nach ihnen kamen vier vornehme und schöne Jungfrauen, die zwischen sich ein Tischgestell aus Elfenbein trugen. Sie stellten dieses Gestell mit einer tiefen Verneigung vor den Burgherrn nieder. Dann traten sie beiseite. Nun kamen acht andere Jungfrauen in den Saal, gekleidet in grünen Samt mit Blumenkränzen im Haar. Vier hielten in ihren Händen hohe Kerzen, vier trugen zwischen sich eine Tischplatte aus durchsichtigem Granathyazinth, groß und kostbar. Diese acht Jungfrauen traten zu dem Burgherrn hin, verneigten sich, und die Tischplatte wurde auf das Gestell gelegt. Dann traten sie zur Seite und blieben an der Wand des Saales stehen, in der Nähe der ersten vier.

Jetzt kamen zwei Jungfrauen, jede trug ein Messer auf weißem Tuch. Die Messer waren aus Silber, aber hart und scharf, als ob sie aus gehärtetem Stahl geschmiedet seien. Diese Jungfrauen gehörten alle zu vornehmen königlichen oder fürstlichen Familien in verschiedenen Reichen und waren zum Dienst in dieser Burg auserwählt. Sie waren schon als Kinder hierhergekommen und waren hier erzogen worden.

Den beiden Jungfrauen mit den Silbermessern gingen wiederum vier kerzentragende Jungfrauen voran, von großer Schönheit und prächtig gekleidet. Alle sechs traten vor den Burgherrn hin, verneigten sich tief, und die beiden, die die Messer trugen, legten diese auf die Tischplatte. Dann schlossen sich diese sechs Jungfrauen an die zwölf anderen an, die schon an der einen Seite des Saales standen. Achtzehn Jungfrauen standen jetzt dort; die zwei ersten mit den Leuchtern in einiger Entfernung von diesen achtzehn.

Und nun traten weitere sechs Jungfrauen in den Saal ein. Ihre Gewänder waren aus goldbestickter Seide in verschiedenen Farben. Sie trugen durchsichtige, schön geformte Lampen aus Glas. Diese Lampen waren mit duftendem Balsamöl gefüllt und brannten mit einem hellen Schein.

Nach diesen sechs Jungfrauen trat die junge Königin selbst in den Saal, gekleidet in kostbare arabische Seide. Und auf einem grünen Seidenkissen trug sie die Ursprungskraft vom Paradies, den Beginn und die Erfüllung aller Vollkommenheit. Was sie trug, das hieß «der Gral», und die Gaben, die aus der Kraft des Grals strömten, übertrafen alles, was die Reichtümer der Erde bieten können. Repanse de Schoye hieß die edle Jungfrau, von der sich der Gral tragen ließ. Um ihr Gesicht war ein Glanz, der heller schien als das hellste Tageslicht. Würdig, den Gral zu tragen, war nur eine Jungfrau, keusch und mit reiner und edler Gesinnung, frei von aller Falschheit.

Repanse de Schoye und die sechs Jungfrauen, die ihr vorangingen, verneigten sich tief beim Eintritt in den Saal und schritten in feierlichem Zug zum Burgherrn hin. Und die untadelige Königin stellte den Gral auf den Tisch aus Granathyazinth.

Die Geschichte erzählt, daß Parzival lange und nachdenklich die junge Königin betrachtete. Er trug ja ihren Mantel.

Die junge Königin und die sechs Jungfrauen, die ihr vorangeschritten waren, gesellten sich jetzt zu den achtzehn, und die ganze Gruppe verteilte sich so, daß die Königin in der Mitte stand.

Nun öffneten sich viele Türen zwischen den Ruhebänken an den Längsseiten des Saales, und herein traten Diener mit goldenen Wasserbecken, einer für jede Bank. Hinter ihnen kamen Edelknaben mit weißen leinenen Handtüchern. Andere Diener trugen hundert Tische herein, die vor die Sitzenden gestellt wurden, ein Tisch vor jede Bank. Schneeweiße Decken wurden auf diese Tische gebreitet. Auch der schmerzgequälte Burgherr und sein Gast in der Mitte des Saales wurden mit einem goldenen Wasserbecken bedient und mit Handtüchern aus bunter Seide. Vier Wagen wurden dann in den Saal gerollt, und von ihnen wurden auf alle hundert Tische goldene Teller, Becher, Löffel und Messer verteilt. An jedem Tisch standen vier Knappen bereit, die Ritter zu bedienen.

Das Mahl begann nun damit, daß die Edelknaben von dem Gral in der Mitte des Saales ehrfürchtig Brote holten, die auf alle Tische verteilt wurden. Jeder Ritter sagte nun den dienenden Knappen, welche Speise er auf seinen Teller wünschte, und der Knappe ging mit dem leeren Teller dorthin, wo der Gral stand, und kam mit der gewünschten Speise zurück. Und bald waren alle Teller mit verschiedenartigen, wohlduftenden Speisen gefüllt.

Wenn jemand kleingläubig einwendet, daß so etwas auf Erden nicht möglich sei, so kann man ihm nur antworten, daß solcher Art die Kraft des Grals war. Seine Kraft stammte mehr vom Himmel als von der Erde.

Gewürze, Fruchtsoßen und andere Zutaten wurden in kleinen goldenen Schalen herumgereicht, und jedermann fand gerade den Trunk in seinem Becher, den er am liebsten haben wollte, ob es nun Saft seltener Früchte, edler Wein oder Gewürzwein war. Wenn er die Hand ausstreckte, fand er den gewünschten Trank in dem Becher, denn so groß war die Kraft des Grals.

Parzival sah alles, was um ihn herum geschah. Er sah, wie die Knappen mit leeren Tellern an den Tisch herankamen und sie gefüllt davontrugen. Aber von dem, was Repanse de Schoye so ehrfürchtig auf den Tisch gestellt hatte, ging ein solcher Glanz aus, daß er es nicht klar erkennen konnte. Es war wie aus Licht gewoben. Viele Fragen drängten sich in seinem Gemüt, aber er dachte an seinen Lehrer: «Gurnemanz hat mir geraten, nicht zu viel zu fragen. Ich werde auch wohl ohne zu fragen das Geheimnis dieser Ritter erspüren können.» Und er schwieg. Es war ihm wichtig, sich in allem richtig zu benehmen und nicht gegen die Sitte zu verstoßen, wie es ihn Gurnemanz gelehrt hatte.

Wie er in diesen stillen Gedanken dasaß, kam ein Knappe heran. Er trug ein Schwert. Sein Griff war aus Rubin, und die Klinge war prachtvoll verziert. Der Burgherr ließ es sich geben und überreichte es Parzival mit den Worten: «Lieber Herr, viele Male habe ich dieses Schwert im Kampf geführt, bis Gott mich mit einer unheilbaren Wunde heimsuchte. Ich bitte Euch, dieses Schwert zu empfangen als einen Ausgleich, wenn etwas gefehlt haben sollte in der Gastfreundschaft, die Euch hier gezeigt wurde. Dieses Schwert ist nun Euer Eigentum. Wenn Ihr es im Streite erprobt, werdet Ihr finden, daß es Euch gute Dienste leistet.»

O weh, daß Parzival jetzt nicht fragte! Das war ein großes Unglück, denn daß man ihm dieses Schwert gab, sollte ihn zum Fragen ermuntern. Der Burgherr mußte jetzt seine Qualen weiter tragen, jene Qualen, von denen er durch die Frage befreit worden wäre.

Das Mahl war jetzt beendet. Die Diener sammelten alles, was dazugehört hatte, schnell und geschickt von den Tischen der Ritter wieder ein und stellten es auf die Wagen, die dann hinausgerollt wurden. Die Jungfrauen verrichteten wieder ihren Dienst, aber in umgekehrter Reihenfolge, so daß die als letzte hereingekommene nun als erste den Saal verließ. Repanse de Schoye und die sechs Jungfrauen mit den Balsamlampen traten an den Tisch heran, wo der Gral stand, verneigten sich tief vor dem Burgherrn und seinem Gast und trugen den Gral wieder aus dem Saal.

Parzival schaute ihnen nach, und als die Tür geöffnet wurde, sah er für einen Augenblick einen uralten Mann, grauer als der Nebel selbst, der auf einem Ruhebett ausgestreckt lag, den schönsten Greis, den Parzival jemals gesehen hatte.

Der Burgherr sagte jetzt zu Parzival: «Euer Schlafgemach wird jetzt wohl für Euch bereit sein. Wenn Ihr müde seid, so geht zur Ruhe.»

O weh, daß sie so voneinander schieden! Großen Schaden hatten beide davon.

Parzival erhob sich, und der Burgherr wünschte ihm eine gute Nacht. Auch die Ritter standen alle auf, und einige von ihnen geleiteten Parzival in ein prachtvolles Schlafgemach. Das Bett stand mitten im Zimmer, von Kerzen in hohen Kandelabern umgeben. Edelknaben halfen ihm, sich zu entkleiden. Als er im Bett lag, kamen schöne Jungfrauen in das Zimmer und boten ihm noch einen Abendtrunk. Die Edelknaben blieben im Zimmer, bis sie sahen, daß Parzival eingeschlafen war. Dann ließen sie ihn allein.

Aber Parzival blieb doch nicht allein. Bis der Tag graute, wurde er von bösen Träumen heimgesucht. Er fühlte sich mitten in heftigen Kämpfen. Schwerter klangen gegen Schwerter, Pferde kamen in vollem Lauf angestürmt, Lanzen krachten gegen Schilde. Er warf sich hin und her auf dem Bett, ohne aufwachen zu können. Er litt schwer.

Als der Tag graute, erwachte er, ganz naß vor Schweiß. Er stützte sich auf den Ellenbogen, um einen Edelknaben zu rufen, aber das Zimmer war leer. «O weh», dachte er, «wo sind die Pagen, die mir beim Ankleiden helfen sollen?» Er rief, aber niemand kam. Schließlich schlief er wieder ein. Alles blieb still, keine Stimme war zu hören, niemand kam zu ihm.

Am späten Morgen erwachte er wieder. Auf dem Teppich vor seinem Bett lagen jetzt sein Harnisch und die beiden Schwerter. Das eine gehörte zur Rüstung des roten Ritters, das andere hatte der Burgherr ihm geschenkt.

Verwirrt fragte er sich: «Was soll dies alles bedeuten? Waren meine bösen Träume in der Nacht Vorboten *kommender Mühen*? Ist die Burg von Feinden angegriffen worden? Dann will ich mich gerne in den Dienst des Burgherrn stellen und jener Dame dienen, die mir diesen Mantel geliehen hat.»

Er wappnete sich nun, umgürtete sich mit beiden Schwertern und ging zur Tür hinaus. Eine kurze Treppe führte auf den Burghof hinab. Dort stand sein Pferd angebunden, und Schild und Lanze waren an der Treppe angelehnt.

Aber ehe er aufs Pferd stieg, ging er noch einmal in die Burg hinein, lief durch Säle und Gemächer, rief und suchte nach den vielen Menschen, die er am vorigen Abend gesehen hatte. Aber niemand antwortete auf sein Rufen, niemand war zu sehen. Die Burg war wie ausgestorben. Es verwirrte und betrübte ihn, aber es erweckte auch seinen Zorn.

Er ging wieder auf den Burghof hinaus, wo er gestern abend vom Pferde abgestiegen war und den ganzen Hof von dichtem grünem Gras bewachsen gefunden hatte – jetzt war er zertreten und aufgewühlt von vielen Pferdehufen. Laut rufend ging er zu seinem Pferd, mit zornigen Worten schwang er sich hinauf und ritt auf das Burgtor zu. Es stand weit offen, frische Spuren von vielen Pferden führten durch das Tor auf die Zugbrücke, die heruntergelassen war.

Parzival ritt auf die Brücke hinaus, aber ehe er ganz hinübergekommen war, wurde die Zugbrücke von einem unsichtbaren Knappen hochgezogen, so daß das Pferd mit knapper Not den festen Boden erreichen konnte. Parzival sah sich um. Vielleicht ahnte er jetzt dunkel, daß er am Abend vorher etwas versäumt hatte.

Der unsichtbare Knappe rief: «Die Sonne möge Euch ihr Licht verweigern! Ihr seid ein rechter Gänserich! Warum habt Ihr nicht Euren Mund aufgetan und den Burgherrn gefragt?»

Parzival rief zurück, was dies alles wohl bedeuten solle? – Aber er bekam keine Antwort. Das Burgtor wurde dröhnend geschlossen.

Parzival versuchte nun den Spuren der Pferde zu folgen, in der Hoffnung, die Ritter einholen zu können, um ihnen in dem Kampf beizustehen, zu dem sie, wie er vermutete, hinausgeritten waren. Die Spur, der er folgte, war zuerst breit und deutlich, fast wie ein ausgetretener Pfad, aber bald wurde sie immer undeutlicher. Es schien, daß die Ritter sich voneinander getrennt und verschiedene Richtungen eingeschlagen hatten, und dann verloren sich die Spuren zu Parzivals Verdruß ganz.

Nun hatte der Jüngling ein Erlebnis, das ihm viel Kummer machen sollte: Plötzlich hörte er in der weglosen Wildnis eine weinende und klagende Frauenstimme. Er folgte der Stimme und kam zu einer Waldwiese. Da saß auf einem Lindenstamm eine Frau, die einen toten Ritter in ihren Armen hielt. Parzival ritt zu ihr hin. Er erkannte sie nicht wieder, obwohl es seine Base Sigune war. Er grüßte sie höflich und sagte: «Liebe Frau, Eure Trauer tut mir von Herzen leid. Kann ich Euch mit etwas beistehen, so will ich es gern tun.»

Sie sah durch die Tränen zu ihm auf, dankte ihm und fragte, woher er käme! «Wie seid Ihr in diese öde Waldesgegend hineingeraten? Ein Fremder, dem diese Gegend unbekannt ist, kann hier in große Not geraten. Viele sind hier im Kampf besiegt worden. Reitet rasch davon, wenn Euer Leben Euch lieb ist. Aber sagt mir zuerst, woher Ihr kommt!»

Parzival antwortete: «Ungefähr eine Meile von hier steht eine Burg, so stolz und reich, daß ich nie ihresgleichen gesehen habe. Vor einer Weile bin ich von ihr weggeritten.»

Sie antwortete: «Warum wollt Ihr mir etwas weismachen? Euer Schild zeigt, daß Ihr hier fremd seid. Hier gibt es im Umkreis von dreißig Meilen weder aus Stein noch aus Holz etwas, das von Menschenhänden erbaut ist, mit einer einzigen Ausnahme: eine Burg, die die Erfüllung aller irdischen Wünsche in sich birgt. Aber wer den Weg dahin sucht, der findet ihn nicht, und doch haben es viele Menschen versucht. Nur wer ohne Absicht kommt, der kann den Weg finden. Ihr könnt dort nicht gewesen sein. Die Burg heißt Munsalväsche, und Terre de Salväsche heißt das Königreich, das zu der Burg gehört. Der alte Titurel hat es seinem Sohn, dem König Frimutel, vererbt. Er war ein würdiger Held, der seinen Tod in einem Speerkampf fand. Er hinterließ vier edle Kinder. Drei von ihnen führen trotz ihres Reichtums ein trauriges und jammervolles Leben. Das vierte hat freiwillig die Armut gewählt, als Buße für vergangene Sünden. Er heißt Trevrizent. Sein Bruder Anfortas verbringt sein Leben im Lehnsessel. Er kann weder reiten noch gehen, weder liegen noch stehen. Er ist jetzt der Burgherr in Munsalväsche. Gottes Zorn hat ihn heimgesucht. Lieber Herr, wenn Ihr dorthingekommen wäret, zu der trauervollen Schar, dann wäre der Burgherr von den Qualen erlöst worden, die er so lange getragen hat.»

«Große Wunder sah ich dort», antwortete Parzival, «und viele schöne Jungfrauen.»

Nun erkannte sie seine Stimme und rief: «Du bist Parzival! Bist du in der Gralsburg gewesen? Hast du den Gral und den unglücklichen Burgherrn gesehen? Laß mich die Freudenbotschaft hören! Heil dir und deiner Erlösung bringenden Fahrt, wenn seine Leidenszeit jetzt beendet ist! Dann bist du der Herr geworden über das, was in den Lüften lebt, alles Geschaffene wird dir untertan sein, zahmes und wildes Getier, die höchste Macht wird dir zufallen.»

Erstaunt fragte Parzival, woran sie ihn erkannt habe.

«Ich bin die Jungfrau, die dir schon einmal ihre Not geklagt, und die dir deinen Namen gesagt hat. Wir sind miteinander verwandt, deine Mutter ist meiner Mutter Schwester. Gott lohne es dir, daß du so großes Mitleid hattest, mit meiner Trauer um meinen toten Freund, um ihn, der hier in meinen Armen liegt. Er ist im Lanzenkampf getötet worden. Ich traure um ihn Tag um Tag mit ständig erneuter Klage.»

«O weh», rief Parzival, «bist du Sigune, die mir einst gesagt hat, wer ich bin?

Wo sind deine roten Lippen, wo ist dein reiches braunes Haar? Hold und lieblich warst du damals, wenn auch von Trauer gebeugt. Jetzt bist du blaß und matt und kraftlos. Aber dieses ungute Zusammenleben mit einem Toten muß dir ja alle Kraft nehmen! Laß uns den Toten begraben!»

Da füllten sich ihre Augen neu mit Tränen, und sie sagte: «Könnte mir noch etwas Freude bringen, so wäre es die Kunde, daß dem schmerzgequälten Burgherrn in seinem Leiden geholfen worden ist, einem Leiden, das wie ein ständiges Sterben ist. Bist du als Helfer von ihm geschieden, so hast du hohe Ehre gewonnen. Du bist ja auch mit seinem Schwert umgürtet. Kennst du Kraft und Segen dieses Schwertes? Dann kannst du mit jedermann den Kampf aufnehmen, wer es auch sein möge. Es ist scharfgeschliffen, und der edle Trebuchet hat es kunstvoll geschmiedet. Es wird nie beim ersten Hieb geschädigt, aber beim zweiten zerspringt es. Wenn du es dann zur Quelle Lac im Lande Karnant bringst und es dort unter den Strahl des Wassers hältst, so wird es wieder ganz. Aber es muß dort sein, wo das Wasser unter dem Felsen hervorsprudelt, ehe es von Tageslicht beschienen wird. Wenn kein Stück des Schwertes fehlt, so wird es wieder wie neu, wenn die Stücke richtig aneinandergefügt sind. Es ist dann sogar noch besser als vorher geworden. Aber wenn das Schwert seine volle Kraft entfalten soll, bedarf es besonderer Segensworte, und ich fürchte, die hast du nicht erfahren. Wenn du sie aber gelernt hast, so keimt dir das Glück und wächst ständig. Und du wirst der Herr aller jener Wunder, die du in der Burg gesehen hast. Die Krone des Heils wirst du dann tragen. Der erhabenste von allen Menschen wirst du dann sein, der reichste und mächtigste Mensch der Welt – wenn du nur die Frage gestellt hast.»

«Ich habe nicht gefragt», antwortete Parzival.

«O weh, daß Ihr mir jemals unter die Augen gekommen seid!» rief jetzt die Jungfrau voll Trauer und Leid. «Ihr habt die Frage versäumt! Ihr habt doch die großen Wunder gesehen dort beim Gral. Wie konntet Ihr die Frage unterlassen? Viele edle Frauen habt Ihr dort gesehen, mit Repanse de Schoye in ihrer Mitte, die beiden scharfen silbernen Messer und die blutende Lanze. Elender, was wollt Ihr noch bei mir? Ehrlos und verdammt seid Ihr – eine giftige Schlange voller Falschheit. Ihr hättet mit dem Burgherrn Mitleid fühlen sollen. Ihr habt doch gesehen, wie er litt. Ihr hättet nach seiner Qual fragen sollen! Ihr lebt, aber für das Glück des Lebens seid Ihr tot!»

Parzival antwortete bestürzt: «Liebe Base, seid nicht so zornig mit mir. Ich will Buße tun, wenn ich Unrecht getan habe.»

Die Jungfrau sprach voll Verachtung: «Eine Buße wäre verlorene Mühe. Ihr habt in Munsalväsche Eure ritterliche Ehre verloren. Kein einziges Wort mehr will ich zu Euch sprechen.» Bitterlich weinend beugte sie sich über den Toten.

Tief betrübt ritt Parzival nun weiter. Es war, als ob die ganze Welt um ihn zusammengestürzt sei. Scham und Reue und die Hitze des Tages trieben ihm den Schweiß aus allen Poren. Um sich etwas abzukühlen, band er sich Helm und Kinnschutz ab.

Nach einiger Zeit stieß er auf eine Pferdespur: Zwei Pferde waren hier vor ihm gegangen, das eine unbeschlagen, das andere beschlagen. Er folgte den Spuren und hatte bald das unbeschlagene Pferd eingeholt. Es war eine gar elende Mähre, mager und ungestriegelt, Mähne und Schwanz ungeschnitten und ungepflegt. Auf ihr ritt eine Frau, die in Lumpen gekleidet war, Lumpen, die nur notdürftig ihren Leib umhüllten. Sie ritt mit gesenktem Kopf, und ihre ganze Haltung war die eines traurigen und mutlosen Menschen.

Als sie Parzivals Gruß hörte, hob sie den Kopf und erkannte ihn wieder. «Euch habe ich schon einmal gesehen», sagte sie, «und das wurde mein Unglück. Ihr habt Euch schwer an mir verschuldet. Gott schenke Euch mehr Freude und Ehre, als Ihr um mich verdient habt. Euretwegen bin ich in diese Lumpen gehüllt. Wenn Ihr nicht damals zu mir ins Zelt eingedrungen wäret, so hätte kein Mensch daran gedacht, an meiner Ehre zu zweifeln.»

«Edle Frau», sagte Parzival, «bedenkt Eure Worte. Ich habe gewiß keine Frauenehre gekränkt, seit ich diesen Schild und die Würde des Ritters gewann. Das wäre ja meine eigene Schande.»

Die Frau weinte jetzt laut: «Um Gottes Willen, bleibt nicht länger hier bei mir, wenn Ihr nicht unser beider Tod herbeiführen wollt. Für mich hat das Leben keinen Wert mehr, aber *ich will nicht schuldig an Eurem Tod werden.*»

«Edle Frau», antwortete er, «wer sollte uns das Leben nehmen? Gottes Kraft hat es uns geschenkt, und ich traue mir zu, es gegen jeden Angreifer zu verteidigen.»

«Ein edler Held», antwortete sie, «ist unser Feind und brennt vor Kampfeslust, und Angst erfüllt mich, wenn ich daran denke, was Euch geschieht, wenn er Euch hier an meiner Seite findet. Ich war einmal seine Gemahlin, doch jetzt bin ich so elend, daß ich nicht einmal seine geringste Magd sein könnte. Sein Zorn auf mich ist unauslöschlich.»

«Hat Euer Gemahl ein großes Gefolge?» fragte Parzival. «Wie groß seine Übermacht auch sei, ich will lieber sterben als die Flucht ergreifen.»

Sie antwortete: «Ich bin seine einzige Begleiterin.»

Parzival setzte den Helm wieder auf und machte sich für den Kampf bereit. Sein Pferd beugte den Kopf zur Mähre hin, auf der die Frau ritt, und wieherte. Dies hörte der Herzog Orilus von Laland, der ihnen voranritt. Er wußte nun, daß jemand bei seiner verstoßenen Gemahlin war, und voll eifersüchtigen Zornes riß er sein Pferd herum und galoppierte zurück, die Lanze zum Kampf eingelegt. Sie stammte von Gaheviez, sein Helm war von dem Meisterschmied Trebuchet geschmiedet, der Schild kam aus Toledo in Spanien. Sein Waffenrock war aus kostbarer Seide, das Pferd kam aus Munsalväsche. Sein Bruder Lähelin hatte es einmal im Speerkampf gewonnen: Es war ein prachtvoller, aber auch schreckenerregender Anblick, als der Herzog im vollen Galopp herangestürmt kam. Der Schild trug einen Drachen als Wappenzeichen, und auch der Kopfputz des Helmes war ein hoch aufgerichteter Drache. An seinem Waffenrock glänzten viele kleine goldene Drachen mit Rubinen als Augen.

Die beiden Helden gerieten mit gewaltiger Kraft aneinander. Lanzensplitter flogen durch die Luft. Frau Jeschute hatte in ihrem Leben niemals einen so aufregenden Kampf gesehen, und sie rang ihre Hände in Angst, denn keinem der beiden Helden wünschte sie ein Leid.

Die beiden Pferde waren bald naß vor Schweiß, die Schwerter blitzten, und die Schwerthiebe klangen weithin. Rüstung und Helm beider Ritter waren schon arg verbeult. Dann wurde aus dem Schwertstreit ein Ringkampf. Orilus versuchte Parzival aus dem Sattel zu heben, aber statt dessen zog Parzival Orilus von seinem Pferd und schwang ihn wie eine Garbe Stroh in seinen Armen. Er sprang vom Pferde herunter und warf den Besiegten über einen umgefallenen Baumstamm.

«Jetzt bekommst du den Lohn für all das Leiden, das diese Dame deinetwegen erlitten hat. Du bist verloren, wenn du ihr nicht wieder deine Gunst schenkst», rief Parzival.

«Das wird nicht so bald geschehen», antwortete Orilus, «noch fühle ich mich nicht überwunden», und er versuchte auf die Beine zu kommen.

Parzival drückte ihn aber mit so gewaltiger Kraft auf den Baumstamm, daß ihm das Blut aus Nase und Mund floß. Orilus mußte seine Niederlage zugeben.

«Ach, du starker, kühner Mann», stöhnte er, «womit habe ich es verdient, daß ich von dir den Tod erleiden soll?»

«Ich will dich gerne leben lassen», sagte Parzival, «wenn du nur dieser Dame wieder deine Liebe schenkst.»

«Das werde ich nie und nimmer tun», antwortete Orilus, «zu groß ist ihre Schuld. Aber alles, was du sonst von mir verlangst, will ich gern tun, wenn du mir das Leben läßt. In zwei Ländern trägt mein Bruder Lähelin die Krone. Er überläßt dir sicher das eine Land, und dazu will ich mein eigenes Herzogtum aus deiner Hand als Lehen empfangen. Aber verlang nicht von mir, daß ich mich mit dieser Frau versöhne. Zu tief hat sie sich an mir verschuldet.»

Parzival antwortete: «Weder Menschen noch Länder noch Schätze irgendwelcher Art können dir jetzt helfen. Du versöhnst dich jetzt auf der Stelle mit dieser Dame, oder du bist des Todes sicher. Außerdem sollst du dich mir unterwerfen und in meinem Auftrag zu König Artus ziehen und dort einer edlen Jungfrau zu Diensten sein, die einmal meinetwegen geschlagen wurde. Und du sollst ihr von mir sagen, daß ich keinen Frieden finden kann, bis sie volle Genugtuung erfahren hat, Genugtuung für die Scham und die Schande, die sie meinetwegen erleiden mußte. Entscheide dich hier und jetzt! Versöhne dich mit dieser edlen Dame oder stirb!»

«Gut», sagte Orilus, «wenn es sein muß, so will ich es tun, denn ich will noch leben.»

Parzival ließ ihn jetzt aufstehen. Orilus wandte sich zu seiner verstoßenen Gemahlin und sagte: «Herrin, Euretwegen bin ich im Kampfe besiegt worden, so kommt zu mir und empfangt den Versöhnungskuß. Meinen großen Ruhm habe ich durch Euch verloren, aber was tut's? Es soll verziehen sein.»

Frau Jeschute sprang sofort von ihrem Pferde herunter und eilte in ihren Lumpen zu ihrem Gemahl, der sie so lange so hart behandelt hatte, und küßte ihn, ohne ihm das Blut vom Gesicht zu wischen. Dann stiegen sie alle drei zu Pferde, und Orilus zeigte den Weg durch den Wald zu der Klause eines Eremiten. In dieser Klause stand ein Reliquienschrein auf einem grob gehauenen steinernen Altar, und ein bunter Speer stand daneben. Der Eremit, der Trevrizent hieß, war nicht zugegen.

Parzival legte nun die Hand auf den Schrein und sprach mit feierlichem Ernst: «Bei meiner ritterlichen Ehre lege ich Zeugnis ab für die Unschuld dieser

Frau. Gottes Hand möge mich strafen, sowohl in diesem Leben wie im kommenden, wenn diese Frau etwas Unrechtes tat, als ich ihr die Spange entriß. Einen Ring habe ich ihr auch genommen. Ich war damals ein Narr, kein Mann, und ohne Unterweisung aufgewachsen. Sie weinte, sie versuchte sich zu wehren. Sie ist unschuldig. Dafür stehe ich ein und gebe mein Glück und meine Ehre als Pfand. Hier ist der Ring, den ich ihr nahm. Gebt ihn an sie zurück.»

Orilus empfing den Ring. Er steckte Jeschute den Ring an den Finger und legte ihr seinen Waffenrock um die Schultern, um ihre Lumpen zu verhüllen. Das Schwert des Helden hatte ihn zwar zerlöchert, aber er war doch weit und bequem. Dann sagte Orilus zu Parzival: «Edler Herr, Euer feierlicher Eid gibt mir mein Glück zurück und macht meiner Trauer ein Ende. Meine Niederlage hat mir große Freude geschenkt. Jetzt kann ich diese edle Dame für das Leiden entschädigen, das ich ihr zufügte, als ich sie verstieß.»

Als sie nun die Klause verließen, nahm Parzival, ohne sich dessen ganz bewußt zu sein, den bunten Speer mit, den der wilde Taurian dort einmal hatte stehen lassen. Orilus lud Parzival in sein Zeltlager ein, um dort die Nacht zu verbringen, aber Parzival lehnte ab und nahm Abschied.

Orilus und seine Gemahlin suchten nun zusammen das Lager auf, und unter den dort wartenden Dienern war die Freude groß, als sie ihre geliebte Herrin in den Waffenrock ihres Gemahls gehüllt erblickten und daraus schließen konnten, daß sie sich wieder versöhnt hatten. Orilus gab Befehl, daß man für ihn und für Frau Jeschute Bäder bereiten sollte. Als er noch im Bade saß, kam einer von seinen Rittern mit der Mitteilung, daß König Artus mit seinem ganzen Hofe unterwegs sei und sein Lager ganz in der Nähe am Fluß Plimizöl hatte aufschlagen lassen. Orilus stieg sofort aus dem Bad und ließ Frau Jeschute sagen, daß sie sich auch bereit machen solle. Nach kurzer Zeit brach er auf zu König Artus, begleitet von Frau Jeschute, die jetzt wieder ihre herrschaftliche Kleidung und ein prächtiges Reitpferd bekommen hatte. Der Ritter, der die Kunde von dem Zeltlager gebracht hatte, ritt als Führer mit. Sein eigenes Zeltlager wurde abgebrochen und sein Gefolge begab sich auf den Weg nach seinem Herzogtum Laland.

Nachdem sie eine Stunde geritten waren, lichtete sich die Wildnis, und sie sahen vor sich eine weite Ebene auf beiden Seiten des Flusses Plimizöl, wo viele Zelte aufgeschlagen waren. Orilus suchte nun mit Frau Jeschute den König Artus auf, der im Kreise seiner Ritter saß. Helm und Schild des

Herzogs waren so zerhauen, daß sein Wappen nicht zu erkennen war. Das war Parzivals Werk.

Der kühne Held saß von seinem Pferd ab und reichte die Zügel an Frau Jeschute, die auf ihrem Pferde sitzen blieb. Sie wurden sofort von Pagen und Knappen umringt, so daß ein richtiges Gedränge um sie herum entstand. Orilus legte seinen zerhauenen Schild auf das Gras und fragte nach der Dame, in deren Dienst er sich stellen sollte.

Frau Kunneware saß neben König Artus, und an seiner anderen Seite saß die Königin. Orilus grüßte ehrerbietig das Königspaar und wandte sich dann seiner schönen Schwester zu, und bot seine Unterwerfung an. Der Drache an seinem Helm und die kleinen Drachen, mit denen seine Rüstung geschmückt war, sagten ihr, daß er einer ihrer Brüder sein müsse, aber sie wußte nicht, ob Orilus oder Lähelin, denn er hatte den Helm noch nicht abgenommen. Frau Kunneware sagte: «Du bist entweder mein Bruder Orilus oder mein Bruder Lähelin, aber von keinem von euch bin ich bereit, Dienste anzunehmen, denn ihr seid meine Brüder.»

Orilus beugte das Knie vor ihr und sagte: «Du hast wahr gesprochen. Ich bin dein Bruder Orilus. Der rote Ritter hat mich gezwungen, dir Unterwerfung anzubieten. Es war der Preis für mein Leben. Ich bitte dich, sie anzunehmen.»

Da nahm Frau Kunneware mit ihrer weißen Hand seinen Treueschwur entgegen und gab ihm gleich darauf seine Freiheit wieder.

Orilus erhob sich und fragte: «Liebe Schwester, wer hat dich geschlagen? Diese Schläge sind auch mir schmerzlich, bis ich sie gerächt habe. Auch der kühne Held, der mich besiegt hat, der rote Ritter, läßt sagen, daß er keinen Frieden finden kann, ehe du nicht volle Genugtuung bekommen hast für die Schmach und die Schande, die du seinetwegen hast erleiden müssen. Herr König, auch Euch sollte ich diese Botschaft von dem roten Ritter überbringen.»

Frau Jeschute, die immer noch wartend auf ihrem Pferde saß, mit den Zügeln des anderen Pferdes in der Hand, wurde jetzt von ihrem Pferde herunterhoben. Der ganze Kreis empfing sie freundlich, und viele Küsse wurden zwischen den Damen gewechselt. Dann führte Frau Kunneware ihren Bruder und seine Gemahlin in ihr eigenes Zelt, das an das des Königs angrenzte und mit einem goldenen Drachen geschmückt war. Es sah aus, als ob er das Zelt in seinen Klauen halte und eben die Flügel erhebe, um davonzufliegen. Das Zelt war über einer Quelle errichtet.

Hier wurde Herzog Orilus mit allen Ehrenbezeigungen von der Hand seiner

Schwester entwaffnet. Viele Ritter kamen nun, um den Mann kennenzulernen, der mit dem roten Ritter gekämpft hatte. Nur Herr Keye hielt sich ferne. Ihm war nicht wohl zumute, und er bat einen anderen Ritter, an seiner Stelle die Dienste des Seneschalls an Frau Kunnewares Tisch zu verrichten.

Schließlich wird noch erzählt, daß König Artus, als das Zeltlager dort am Plimizöl aufgeschlagen wurde, von allen Rittern ein Gelübde verlangt hatte, sich unter keinen Umständen in einen Streit mit einem fremden Ritter einzulassen, solange sie am Plimizöl lagerten. Denn der König wußte oder vermutete, daß die Grenzen des Gralsreiches ganz nahe waren, und er wollte keinen Kampf zwischen seinen Rittern und den Gralsrittern.

SECHSTES BUCH

PARZIVAL BEI KÖNIG ARTUS

Nicht ahnend, was ihm bevorstand, war Parzival nach dem Abschied von Orilus und seiner Gemahlin aufs Geratewohl über Stock und Stein in die Wildnis hinausgeritten. Als es dunkelte, suchte er sich einen Schlafplatz im Wald. Die Nacht wurde kalt, und es schneite. Am Morgen hatte er und sein Pferd eine richtige Decke aus Schnee bekommen. Dies war sehr seltsam, denn es war doch schon Pfingstzeit.

In Parzivals Nähe saß ein Jagdfalke auf einem hohen Baum. Er war am vorhergehenden Abend den Jägern des Königs Artus entflogen. Sie hatten ihn lange gesucht, denn es war ihr bester Falke, aber schließlich hatten sie ohne ihn ins Lager zurückkehren müssen und der Falke war im Wald geblieben.

Als der Tag graute, stieg Parzival aufs Pferd und ritt weiter. Der Falke folgte ihm. Es wurde langsam heller. Parzival kam zu einer Lichtung im Walde, wo ein umgefallener Baum lag. Eine große Schar von Wildgänsen hatte sich dort niedergelassen. Ihr Geschnatter war weithin zu hören. Der Falke schoß auf sie herab und verwundete eine Gans, die sich mit knapper Not unter den umgefallenen Baum rettete. Die anderen flogen auf.

Von der Wunde der Gans fielen drei Blutstropfen in den

Schnee. Als Parzival dieses schimmernde Rot auf dem weißen Schnee sah, geriet er in einen seltsamen Seelenzustand. Die Ereignisse der zwei letzten Tage waren anstrengend und erschütternd gewesen. Der Abschied von der geliebten Gemahlin, die Erlebnisse in der Gralsburg, die Begegnung mit Sigune, die ihm eine erste Ahnung davon gab, wie schwer er sich in der Gralsburg versündigt hatte, als er die Frage versäumte; dann die Begegnung mit Jeschute, wo er mit eigenen Augen sah, in welches Unglück er einen Menschen gestürzt hatte, der Zweikampf mit Orilus und schließlich die kalte Nacht in dem verschneiten Wald, nachdem er den ganzen Tag über nichts genossen hatte, weder Essen noch Trank – dies alles hatte zur Folge, daß er jetzt beim Anblick der rotschimmernden Flecken im Schnee wie in einen Traum verfiel. Er wußte nicht mehr, wo er war. Er sah nur das schimmernde Rot in dem weißen Schnee. Und dieses Bild verwandelte sich ihm in Kondwiramurs geliebtes Angesicht. «Du meine geliebte Kondwiramur», sagte er zu sich, «Gott sei gedankt, der mir so gnädig deinen Anblick schenkt. Kondwiramur, jetzt erkenne ich dich.»

Seine treue Liebe sah in den drei roten Tropfen in dem Schnee die Wangen und das Kinn seiner geliebten Gemahlin, und er gab sich ganz und gar diesem Anblick hin. Er saß unbeweglich, in sich versunken auf dem Pferd, ohne Bewußtsein von Ort und Zeit.

Die Lichtung, auf der Parzival in diesen Zustand versunken war, lag dem Waldrand so nahe, daß man ihn durch die Bäume hindurch erblicken konnte, wenn man nahe herankam. Und so sah ihn ein Knappe, den Frau Kunneware mit einer Botschaft nach Lalant geschickt hatte. Er sah einen fremden Ritter hoch zu Pferde, mit zerhauenem Helm und Schild, die Lanze senkrecht nach oben gerichtet, als wolle er zum Kampf herausfordern.

Der Knappe warf sein Pferd herum und galoppierte zurück ins Lager, wo die meisten Ritter noch schliefen. Sie wurden jetzt von seinem Geschrei geweckt, ein fremder Ritter halte da draußen, der die Ritterschaft zum Kampf herausfordere. Das ganze Lager kam in Bewegung, und schlaftrunkene Ritter fragten einander, was denn los sei. Ein ehrgeiziger junger Ritter mit Namen Segramors stürzte zum Zelte des Königs. Als Verwandter der Königin Ginover hatte er die Kühnheit, das königliche Paar im Morgenschlummer zu stören, und drang in ihr Zelt ein.

«Edle Frau», rief er der Königin zu, «helft mir, Euren Gemahl zu überreden, daß er mir erlaubt, als erster dem Fremdling im Kampfe zu begegnen, der draußen vor dem Lager steht und die Tafelrunde zum Kampf herausfordert.»

Der König ewiderte unwillig: «Du hast versprochen, keinen Kampf anzufangen. Wenn ich dich davon befreie, so werden andere Ritter dasselbe von mir verlangen. Wir wissen nicht, wie nahe wir dem Gralsreiche sind. Ich will nicht, daß von meinen Rittern sich jemand auf den Kampf mit einem Gralsritter einläßt.»

Schließlich gelang es aber der Königin, ihren Gemahl zu überreden, so daß er Segramors die gewünschte Erlaubnis gab. Dieser ließ sich kaum noch Zeit, dem König zu danken, stürzte aus dem Zelt heraus, rief seine Knappen und ließ sich waffnen. Er stieg zu Pferd und ritt durch das Unterholz auf die Lichtung zu, mit hohen Sprüngen über Büsche und Steine, wobei die goldenen Glöckchen an seiner Rüstung laut und lustig klingelten.

Parzival saß immer noch unbeweglich auf seinem Pferd, ganz in sich versunken, von den Gedanken an Kondwiramur in den Bann geschlagen. Segramors rief ihm herausfordernde Worte zu, aber er antwortete nicht, er bewegte sich nicht. Segramors warf jetzt sein Pferd herum in der Absicht, zum Angriff überzugehen. Da drehte sich Parzivals Pferd zur Seite, so daß Parzival nicht mehr die Blutstropfen sah.

Im selben Augenblick erwachte Parzival aus seiner Traumverlorenheit, seine Sinne gehorchten wieder dem Verstand. Er sah einen fremden Ritter im Galopp gegen sich heranstürmen. Er senkte die schöne, buntbemalte, starke Lanze, die er aus Trevrizents Klause mitgenommen hatte, und gab Segramors einen Stoß damit, der diesen aus dem Sattel warf, ohne daß Parzivals Lanze dabei zu Schaden kam.

Ohne sich weiter um Segramors zu kümmern, wandte Parzival seinen Blick wieder den Blutstropfen zu, und sein Herz verlor sich wieder bei ihrem Anblick.

Segramors' Pferd galoppierte ohne seinen Reiter davon, und Segramors selbst mußte sich, so gut es ging, aus dem Schnee aufrappeln und kehrte hinkend ins Lager zurück. Dort wurde er nicht gerade mit rühmenden Worten empfangen, und er schämte sich sehr über seine Niederlage und zeigte sich recht unwirsch und mürrisch: «Das müßt ihr doch wissen, daß Rittersein ein Würfelspiel ist», sagte er, «entweder man siegt, oder man wird besiegt. Ich hatte diesmal kein Glück. Er hat mich übel zugerichtet, der Ritter, der da draußen immer noch auf seinen Kampf wartet.»

Nun ging der Seneschall des Königs, Herr Keye, zu seinem Gebieter und klagte von Segramors' Niederlage. «Herr König», bat er, «erlaubt mir, den Kampf mit dem Fremdling aufzunehmen. Es geht jetzt um die Ehre der Tafelrunde, die er durch sein Benehmen verspottet. Wir müssen sie verteidigen!»

Der König gab ihm die Erlaubnis, und Herr Keye ließ sich schnell wappnen. Dabei prahlte er, daß er mit diesem Herumtreiber schnell fertig werden wolle.

Parzival war immer noch in den Sehnsuchtstraum versunken, in den ihn der Anblick von Rot und Weiß versetzt hatte, und er merkte nicht, daß ein Ritter in voller Rüstung herangesprengt kam. Er hörte nicht die höhnischen Herausforderungen, die ihm Herr Keye zurief: «Herr, Ihr habt den König Artus sehr beleidigt! Laßt Euch lieber eine Hundeleine um den Hals legen und Euch so zum König führen. Denn sonst werde ich Euch dazu zwingen, und zwar nicht mit Samthandschuhen!»

Parzival hörte nicht, er antwortete nicht. Da gab ihm Herr Keye mit dem Lanzenschaft einen Schlag über den Kopf, daß der Helm erdröhnte. «So wach doch endlich auf!» rief er zornig. «Gleich kannst du dich ohne Bettlaken in den Schnee legen!»

Er war so nah an Parzival herangekommen, daß Parzivals Pferd eine Wendung zur Seite machte und damit das Rote im weißen Schnee aus Parzivals Blick verschwand. In diesem Augenblick kehrte er in sein Wachbewußtsein zurück.

Herr Keye war ein Stück weggeritten, um Raum für den Angriff zu gewinnen. Da sah Parzival einen fremden Ritter im Galopp heranstürmen und er spornte sein Pferd zum Gegenangriff. In vollem Lauf gerieten sie aneinander. Keyes Lanze durchbohrte Parzivals Schild, aber er selbst wurde aus dem Sattel geworfen und fiel so heftig auf einen umgefallenen Baumstamm, daß er sich Arm und Bein brach. Auch sein Pferd stürzte und lag tot da. So hatte Parzival jetzt Rache genommen für die Schläge, die Frau Kunneware seinetwegen bekommen hatte, und für den schmählichen Schlag auf den Kopf, den Keye ihm gegeben hatte.

Aber er wußte es nicht. Sein Pferd hatte wieder eine Wendung gemacht, so daß ihm das Rote in dem Weißen wieder vor Augen kam, und dieser Anblick nahm ihn aufs Neue ganz gefangen. Auch die Erlebnisse in der Gralsburg und die Trauer über die versäumte Frage zogen dunkel durch seine Seele, und so beherrschten Leid und Minnesehnsucht zugleich seine Sinne.

Herr Keyes Knappen, die aus der Entfernung den Kampf mitangesehen hatten, wagten sich nun auf die Wiese und trugen ihren Herrn ins Lager zurück. Sie brachten ihn in das Zelt des Königs und legten ihn vorsichtig auf ein Bett. Als die Kunde von dem Geschehen sich verbreitete, kamen Ritter und Damen herbei, um den besiegten Keye über seine Niederlage zu trösten. Unter ihnen war auch Herr Gawan, der Sohn des Königs Lot aus Norwegen, einer der berühmtesten von den Rittern der Tafelrunde. Er beugte sich über seinen Genossen und sagte: «O weh, es war ein Unglückstag, der diesen Zweikampf sah!»

Da wurde Keye zornig, und er rief: «Ich bedanke mich für Euer Mitleid. Die Klagelieder könnt Ihr den alten Weibern überlassen. Ihr seid der Neffe meines Herrn und Königs. So lange ich gesunde Glieder hatte, hab' ich nie versäumt, für Eure Sache zu kämpfen. Laßt mich allein mit meiner Plage, wenn Ihr Euch zu vornehm dünkt, um mich zu rächen!»

Gawan aber blieb gelassen und antwortete: «Wer mich im Kampf gesehen hat, der weiß, daß ich der Gefahr nicht ausweiche. Ihr zürnt mir ohne Ursache.»

Damit verließ er das Zelt. Er ließ sein Pferd holen und saß auf, ohne sich zu wappnen, ohne Schwert und Rüstung, und ritt auf die Lichtung zu, wo Parzival immer noch unbeweglich zu Pferde saß, ganz in Minnesehnsucht und Trauer versunken.

Gawan kam in ruhigem Trab geritten und rief schon aus einiger Entfernung einen freundlichen Gruß. Parzival hörte es nicht und antwortete nicht.

«Edler Herr», sagte Gawan, «Ihr scheint Kampf zu wollen, da Ihr mir Euren Gruß versagt, aber so verzagt bin ich nicht, daß ich nicht noch eine Frage wage. Ihr habt heute zwei von den Rittern der Tafelrunde im Kampf besiegt und dadurch uns Schmach und Schande zugefügt. Aber ich will den König bitten, daß er Euch Gnade schenkt, wenn Ihr mit uns ritterliche Gemeinschaft schließen wollt.»

Aber er bekam immer noch keine Antwort von dem Sohn Gachmurets. Daraufhin betrachtete ihn Gawan aufmerksam und beobachtete, wie in sich versunken und abwesend er dasaß. Da dachte er bei sich selbst: «Vielleicht hört er gar nicht, was ich zu ihm sage? Vielleicht ist sein Gemüt so von Minnesehnsucht erfüllt, wie ich es selbst einmal erlebt habe, so daß er seiner nicht mächtig ist? Was ist es, das seinen Blick gefangen hält? Wo schaut er hin?»

Er folgte nun den Augen Parzivals und erblickte die roten Blutstropfen in dem weißen Schnee. Er nahm seinen Umhang von der Schulter und warf ihn über die Blutmale.

Sofort erwachte Parzival aus seiner Traumverlorenheit, Vernunft und Besinnung kamen ihm wieder. Die Königin von Belrapeire gab seine Sinne frei, aber sein Herz behielt sie: «O weh, du meine Herrscherin, meine geliebte Gemahlin, wer hat dich mir geraubt? Habe ich nicht durch ritterliche Taten deine Liebe mir erworben, deine Krone und dein Reich? Habe ich dich nicht von Klamidé befreit? Wer hat mir deinen Anblick geraubt?» Und weiter klagte er: «Ach, wo ist die Lanze, die ich mitbrachte?»

«Herr», sagte Gawan, «Ihr habt sie im Zweikampf zerbrochen.»

«Zweikampf – mit wem?» fragte Parzival. «Ihr habt ja weder Schild noch Schwert. Durch einen Kampf mit Euch hätte ich keine Ehre gewinnen können. Wollt Ihr mich etwa zum Besten halten?»

«Herr, ich spreche die Wahrheit», sagte Gawan. «Hier in der Nähe hat ein König sein Lager aufgeschlagen, und viele Ritter und schöne Damen mit ihm. Ich will Euch gerne dahin geleiten, wenn Ihr mir Folge leisten wollt, und ich werde Euch vor jedem Streit schützen.»

«Ich danke für Eure freundliche Einladung», antwortete Parzival, «aber sagt mir erst, wer ist Euer Herr, und wer seid Ihr selbst?»

«König Artus ist mein Herr», antwortete Gawan. «Seine Schwester war meine Mutter. Ich habe ihm vieles zu danken, und deshalb stehe ich, mit allem, was Gott mir gegeben hat, in seinen Diensten. Gawan ist mein Name.»

«Bist du Gawan?» rief Parzival, «von dir habe ich oft gehört. Deine freundliche Gesinnung ist weit umher bekannt. Sie ist jedem Menschen gegenüber die gleiche, wird gesagt. Aber ich kann deine Freundschaft und deine Dienste nur entgegennehmen, wenn ich sie mit gleichem beantworten darf. Sage mir, wem gehören die Zelte da drüben beim Flusse?»

«König Artus hat dort sein Lager aufgeschlagen.»

«Dahin kann ich dir leider nicht folgen, denn ich stelle mich nicht in den Dienst des Königs Artus, ehe ich nicht die Schande gerächt habe, die eine edle Dame meinetwegen an seinem Hofe erleiden mußte.»

«Diese Rache hast du schon vollzogen und gründlich noch dazu», sagte

Gawan. «In dem Zweikampf mir dir hat Herr Keye den linken Arm und das rechte Bein gebrochen. Schau hin, dort liegt sein Pferd tot. Dort liegen die Splitter deiner Lanze, nach der du fragtest.»

Als Parzival diese Folgen seines Zweikampfes sah und seine Lanze in den Splittern wiedererkannte, sagte er: «Ich verlasse mich auf dein Wort, Gawan, daß es der Seneschall Keye war, der hier die Niederlage erlitt, und gern will ich jetzt mit dir reiten, wohin du mich führst.»

Darauf verließ der rote Ritter mit Gawan den Wald und folgte ihm in das Zeltlager des Königs. Dort waren jetzt viele Menschen in Bewegung, die die beiden Ritter umringten und willkommen hießen. Gawan führte Parzival in sein Zelt, das an das von Frau Kunneware angrenzte. Als Frau Kunneware hörte, daß der rote Ritter bei Gawan zu Gast war, nahm sie ihren Bruder Orilus und seine Frau Jeschute mit und trat in das Zelt Gawans ein.

Hier war man dabei, Parzival zu entwappnen. Der Helm war ihm schon vom Kopf gehoben. Das Gesicht zeigte zwar noch Spuren von Eisenrost, aber trotzdem strahlte es wie eine taufrische Rose. Frau Kunneware sprach: «Seid mir herzlich willkommen! Ihr habt manchen Kampf für mich ausgefochten, und ich werde es Euch nicht vergessen, daß Ihr die Schande, die mir Keye zufügte, gerächt habt. Ich würde Euch gern mit einem Kuß begrüßen, wenn ich dieser Ehre würdig wäre», setzte sie bescheiden hinzu.

«Das hätte ich selbst gewünscht, wenn ich es nur gewagt hätte», rief Parzival.

Da küßte sie ihn feierlich und bat ihn, neben ihr Platz zu nehmen. Sie sandte eine Jungfrau in ihr Zelt und ließ Kleider für Parzival holen, ein kostbares Seidengewand und einen mit Edelsteinen besetzten Gürtel.

Inzwischen hatte Parzival sich den Rost von Gesicht und Händen abgewaschen, und alle waren von dem Anblick seiner strahlenden Schönheit ergriffen.

Als König Artus aus der Morgenmesse kam, hatte er die Kunde von der Ankunft des Roten Ritters erhalten, und nun trat auch er in Gawans Zelt ein. Da stand der junge Parzival, auch ohne Flügel mehr einem Engel als einem Menschen ähnlich. Es war ein Glanz um ihn, und jedes Herz mußte ihn lieben.

König Artus grüßte ihn als einen geehrten und ersehnten Gast: «Schon lange habe ich den Wunsch gehegt, den roten Ritter als Mitglied der Tafelrunde zu gewinnen. Ich habe die besiegten Helden gesehen, die Ihr an meinen Hof gesandt habt, und viel Freude habt Ihr mir damit bereitet. Daß Ihr die Herzogin Jeschute mit ihrem Gatten versöhnt habt, wäre allein schon des Ruhmes und Dankes wert.»

Mitglied der Tafelrunde zu werden, das war auf dieser Welt die höchste Ehre, die ein Ritter überhaupt gewinnen konnte, und sie wurde nun Parzival zuteil. Jedes neue Mitglied der Tafelrunde wurde mit einem Fest empfangen, und König Artus gab Befehl, dieses Fest jetzt vorzubereiten. An der runden Tafel des König Artus waren alle Ritter von gleich hohem Rang. Niemand konnte Mitglied dieses Kreises werden, der nicht in vielen Abenteuern seinem Schicksal begegnet war und es durch Heldentaten gemeistert hatte.

Der große runde Tisch, um den sich die Ritter versammelten, wenn König Artus in seiner Burg Hof hielt, wurde auf seinen Reisen durch eine große runde seidene Tischdecke ersetzt, die man auf einer Wiese ausbreitete.

So geschah es auch diesmal. Als alle Vorbereitungen getroffen waren, geleitete König Artus selbst das neue Mitglied der Tafelrunde zu dem ausgewählten Platz. Auf der anderen Seite Parzivals ging Frau Kunneware, deren Ehre er wieder hergestellt hatte. Alle Versammelten nahmen um die große runde Decke Platz, aber so, daß ein Zwischenraum frei blieb zwischen den Sitzenden und der Decke.

Da saß nun zwischen Gawan und Klamidé das neue Mitglied der Tafelrunde, und die Blicke der Anwesenden waren voll Bewunderung und Freude auf ihn gerichtet. Aber in diesem Augenblick der höchsten Ehre nahte schon sein Unglück, das Verhängnis.

Zwischen den Zeltreihen kam eine weibliche Gestalt auf einem dürren, von Brandmalen verunstalteten Maulesel geritten. Sattel, Saumzeug und Zügel des Reittieres waren kunstvoll gearbeitet, aber die Reiterin selbst bot einen erschreckenden und abstoßenden Anblick: Sie trug zwar ein kostbares Gewand und einen Hut mit Pfauenfedern, der auf ihrem Rücken hing. Über den Hut jedoch sah man ihren langen, schwarzen Zopf, struppig und rauh wie aus Schweinsborsten. Ihre Nase glich einer Hundeschnauze, und zwei lange Eberzähne ragten ihr aus dem Mund hervor. Die schwarzen Augenbrauen, zu Zöpfen geflochten, reichten bis zu den Haaren herauf. Die Ohren waren wie Bärenohren. Die Hand, in der sie eine Geißel aus seidenen Schnüren mit einem Griff aus Rubin hielt, war wie von Affenfell, und die Fingernägel waren lang wie Löwenklauen. Kundry war ihr Name, und mit

Beinamen hieß sie «die Zauberin». Dieses widerwärtige Geschöpf kam in den Ring geritten zu König Artus hin und sagte zu ihm:

«Du Sohn des Königs Utepandragun, was du hier getan hast, hat Schande über dich und über dein Volk gebracht. König Artus, dein Ruhm hob dich hoch über alle anderen Könige, aber jetzt sinken dein Ruf und dein Ansehen. Hier sind die vorzüglichsten Ritter der Welt versammelt, aber ihr Ansehen hat einen Fleck bekommen. Sie haben einen Unwürdigen in ihren Kreis aufgenommen. Die Ehre der Tafelrunde ist vernichtet, seit Herr Parzival ihr Mitglied ist. Ihr nennt ihn den roten Ritter, nach dem Manne, den seine Hand vor Nantes tötete, aber Herr Ither stand noch über ihm, der jetzt hier sitzt. Niemals hatte Herr Ithers Ehre einen Fleck.»

Von Artus ritt sie weiter zu Parzival: «Es ist Eure Schuld», rief sie zu ihm, «wenn ich jetzt dem König und seinem Gefolge meinen Gruß verweigern muß. Eure männliche Schönheit ist Falschheit. Ihr mögt in mir ein widerwärtiges Ungetüm sehen, und doch bin ich nicht so abscheulich wie Ihr. Herr Parzival, warum habt Ihr nicht den Fischer von seinem Leiden befreit, als er so traurig neben Euch saß? Ihr habt doch mit eigenen Augen die Last dieses Leides gesehen, Ihr herzloser Mensch! Ihr hättet Mitleid fühlen sollen mit seiner Not. Ihr müßtet die Zunge verlieren, damit Euch der Mund so leer bleibe wie damals, als Ihr nicht zur rechten Zeit fragtet. Vor unserem Herrgott im Himmel habt Ihr Euch schuldig gemacht, aber auch hier auf der Erde wird man Euch hart verurteilen. Ehre, Ansehen und Ruhm, das alles habt Ihr verloren. Niemals gab es einen Mann, dessen schönes Äußere so sehr im Widerspruch zur inneren Falschheit stand. Eine Giftschlange seid Ihr! Der Burgherr hat Euch doch ein Schwert geschenkt, aber Ihr seid dessen nicht würdig. Ihr habt so viele Wunder in Munsalväsche gesehen: wie der Gral hineingetragen wurde, die silbernen Messer, die blutende Lanze. Warum habt Ihr nicht gefragt? Damit hättet Ihr mehr gewonnen als die Stadt Tabronit im Heidenland, wo Euer Bruder Feirefis der Herrscher ist. Er ist ein würdiger Sohn Eures Vaters Gachmuret. Ein sonderbares Aussehen hat er allerdings, dieser Feirefis, Euer Bruder, er ist schwarz und weiß zugleich. Er ist der Sohn der Königin Belakane in Zazamank. Er ist seines Vaters würdig. Ihr, ehrloser Parzival, Ihr schlagt aus der Art.»

Die seltsame Botin weinte händeringend in heftigem Jammer. Jetzt wandte sie sich nochmals dem König zu. «Gibt es hier keinen Ritter, der nach Heldentaten strebt. Ich weiß ein Schloß, wo vier Königinnen und vierhundert Jungfrauen gefangen sind. Es ist das Schloß Schastelmarveile. Dort ist große Ehre zu gewinnen. Noch heute abend will ich dort sein, obwohl der Weg dahin weit und anstrengend ist.»

Damit verließ die seltsame Frau den Kreis und ritt ohne Abschiedsgruß davon. Einmal schaute sie noch zurück. «Ach, Munsalväsche», rief sie schluchzend, «du Ort des tiefsten Unglücks! O weh, niemand mehr kann dir helfen!»

Parzival saß da wie vom Blitze getroffen. Nicht half ihm jetzt sein kühnes Herz, seine höfische Erziehung. Sie ließen ihn nun alle im Stich. Seine einzige Hilfe war jetzt das tiefste Schamgefühl. Diese Tugend hielt ihn aufrecht in dieser schweren Stunde und wurde noch seine Rettung. Die Scham ist die vornehmste Eigenschaft der Seele, die Krone aller Tugenden.

Der große Kreis von Rittern und Damen, die ganze glänzende Versammlung saß noch einige Augenblicke stumm, wie gelähmt da. Dann fing Frau Kunneware an zu weinen, und daß Parzival so schmählich beschimpft worden war, ließ auch bei manch anderer Dame die Tränen fließen.

Und nun kam noch ein ungeladener Gast in den Ring hineingeritten. Es war ein Ritter, von Kopf bis Fuß gewappnet. Vor König Artus hielt sein Pferd an und grüßte ihn höfisch: «Gottes Segen erbitte ich für den König, seine Ritter und Edelfrauen. Allen erbiete ich Gruß und Dienst mit einer einzigen Ausnahme, und das ist Herr Gawan!»

Nun beschuldigte er Gawan einen Verwandten von ihm hinterlistig getötet zu haben, den König von Askalon, als er bei Gawan zu Gast war. Und dies sei eine Schandtat. Wenn Gawan sich von dieser Anklage befreien wolle, möge er sich innerhalb von vierzig Tagen zum Zweikampf im Lande Askalon und in der Stadt Schanpfanzun einstellen.

Der Fremde, Kingrimursel war sein Name, versprach Gawan Sicherheit für diese Fahrt. Niemand solle ihn angreifen, außer Kingrimursel selbst.

Gawan antwortete: «Ich weiß nicht, warum ich kämpfen soll, denn ich habe mich nicht dieser schändlichen Tat schuldig gemacht; dennoch bin ich bereit, mich dem Kampf zu stellen, damit ich mit dem Siege meine Unschuld beweise.»

Kingrimursel empfing das Ehrenwort Gawans, daß er sich zur festgesetzten Zeit in Schanpfanzun einstellen würde, und verließ darauf wieder den Kreis.

So war nun die Freude der Tafelrunde in Trauer verwandelt. An einem und demselben Tag hatten die Helden Freude erleben und Leid erfahren müssen, und Betrübnis lag über allen, als man sich nun von den Plätzen erhob. Parzival und Gawan standen zusammen, und einige Ritter traten zu ihnen hin, um sie nach Kräften zu trösten.

Parzival antwortete: «Gott lohne es euch, daß ihr uns so freundlich trösten wollt. Aber die Trauer meines Herzens ist tiefer, als Worte ausdrükken können. Für mich gibt es keine Freude mehr, ehe ich den Gral wiedergesehen habe. Das ist jetzt meine ganze Sehnsucht, zu diesem Ziel will ich mit ganzer Kraft hinstreben, und wenn ich auch mein Leben dafür lassen müßte. Hier stehe ich jetzt zum Spott der ganzen Welt, nur weil ich dem Rat folgte, den mir der edle Gurnemanz gab, keine vorwitzigen Fragen zu stellen. So sind diese Lehren wohl unvollkommen gewesen, wenn sie so schwere Schuld herbeiführten. Ein strenges Urteil ist über mich gefällt worden. Wenn sich daher jemand von mir abwendet, will ich es ihm nicht übelnehmen. Ich bitte nur darum: Schenkt mir eure Freundschaft wieder, wenn ich meine Schuld getilgt habe. Mein Unglück treibt mich jetzt von euch weg. Bitterer Schmerz wird mein Begleiter sein. Ach, der Burgherr von Munsalväsche siecht elend dahin. O, du hilfloser Anfortas, was half es dir, daß ich dein Gast war!»

Jetzt war es Zeit, Abschied zu nehmen. König Artus versprach Parzival, über seine Reiche zu wachen, als ob sie seine eigenen wären. Der mannhafte Gawan umarmte ihn und sprach: «Lieber Freund, ich weiß, daß du harte Kämpfe wirst auskämpfen müssen. Gott behüte dich in diesen Kämpfen! Ich wünsche mir, er möge mich in seiner Güte so führen, daß ich dir bald nach Kräften beistehen kann!»

Da brach Parzivals ganze Not hervor: «Weh!» rief er. «Was ist Gott? Wäre er wirklich allmächtig und wollte seine Kraft offenbaren, hätte er niemals erlaubt, daß diese Unehre uns beide traf. Solange ich auf seine Gnade hoffen konnte, war ich bereit, ihm zu dienen. Nun kündige ich Gott meinen Dienst auf. Ist er mir feind, so will ich es auf mich nehmen. – Lieber Freund, so lange du kämpfst, vertraue nicht auf Gott! Laß eine gute und edle und reine Frau dein guter Geist sein und deine Hand im Kampfe führen. Ihre Minne schütze und bewahre dich! Ich weiß nicht, wann ich dich wiedersehen darf, aber meine guten Gedanken sollen immer bei dir sein.»

Trauernden Herzens nahmen sie voneinander Abschied.

Frau Kunneware führte Parzival in ihr Zelt und wappnete ihn selbst mit ihren weißen zarten Händen. Sein Pferd wurde vorgeführt. In einem leuchtend weißen Harnisch stieg er auf und ritt allein von König Artus' Lager weg – harten Schicksalen entgegen, aber auch mit dem holden Bilde Kondwiramurs im Herzen.

Die ganze Tafelrunde von König Artus wurde jetzt für einige Zeit aufgelöst. Viele Ritter begaben sich nach dem Schloß Schastelmarveile, wo nach Kundrys Bericht vierhundert Jungfrauen und vier Königinnen ihrer Erlösung harrten. Gawan rüstete sich für seine Fahrt nach dem Lande Askalon. Von Kaufleuten, die ins Lager gekommen waren, erwarb er Schilde und Lanzen sowie sieben Pferde. Von König Artus empfing er reiche Gaben und brach dann nach dem Lande Askalon auf, begleitet von seinen Knappen, um seine Ehre dort zu verteidigen.

SIEBENTES BUCH

GAWAN UND OBILOT

Von Plimizöl nach Askalon ist es ein weiter Weg, und Gawan war schon lange unterwegs. Mit ihm ritt sein kleines Gefolge von Knappen und Packpferden, die Schilde und Speere trugen. Unter den Pferden war eins mit dem Namen Gringuljete Rotohr, und dieses Pferd kam aus dem Gralsreich. Der geheimnisvolle Lähelin, der Bruder von Orilus und Frau Kunneware, der einst die beiden Reiche Parzivals erobert hatte, war einmal in das Gralsreich eingedrungen bis an den See Brumbane, wo Parzival dem Fischer begegnete. Dort hatte er einen Gralsritter im Kampfe überwunden und dessen Pferd gewonnen. Dieses Pferd gab er später seinem Bruder Orilus. Als Parzival und Orilus miteinander kämpften, ritt Orilus dieses Gralspferd, und als er nachher in König Artus' Lager kam, schenkte er es Gawan.

Als nun Gawan eines Tages aus einer Talsenke heraus auf die nächste Anhöhe geritten kam, sah er in der Ferne die Helme und Speere eines Ritterheeres in der Sonne glänzen. Das Heer schien ihm entgegenzukommen, mit wehenden Fahnen über den blanken Helmen, und nach dem Heere kam der Troß. Maulesel zogen Karren, die mit den Harnischen der Ritter geladen waren, und nach ihnen kam das lose Gesindel von herumstreichenden Spielleuten, Bettlern und Freudenmädchen, die jedem Heere auf den Fersen folgten.

Das Heer zog in einiger Entfernung vorbei, ohne Gawan und seine kleine Schar zu beachten. Als es fast außer Sicht war, kam ein einzelner Knappe ihm nachgaloppiert. Gawan rief ihn an und fragte, wer der Führer dieser Heerschar sei, und wohin dieses Heer wohl unterwegs sei. Der Knappe war offensichtlich beeindruckt von dem stattlichen Ritter auf dem schnaubenden Pferde und gab trotz seiner Eile bereitwillig Antwort:

«Das Heer wird von dem jungen König Meljanz angeführt, der die stark befestigte Stadt Bearosche angreifen will. Der Anlaß für diesen Feldzug ist die Uneinigkeit zwischen zwei jungen Liebenden.

Der junge Meljanz, der früh vaterlos geworden ist, ist von dem Fürsten Lippaut in der Stadt Bearosche erzogen worden. Lippaut hatte diese Stadt mit dazugehörigem Landgebiet von dem Vater des Königs Meljanz als Lehen empfangen und war also sein Lehnsmann. Er erzog den jungen König zusammen mit seinen eigenen zwei Töchtern; sie heißen Obie und Obilot. Obie, die ältere von den beiden, ist gleichen Alters mit dem jungen Meljanz. Als sie heranwuchsen, fühlten sie eine zarte Zuneigung zueinander, aber die beiden Liebenden wurden über irgend etwas uneinig, wie das ja oft der Fall sein kann, und Obie wies Meljanz, den sie eigentlich doch so liebte, mit Hohn und Spott ab, als er um ihre Hand anhielt. Tief gekränkt und ohne Abschied verließ Meljanz die Burg, die ihm seit seiner Kindheit eine Heimat gewesen war. Sein Vasall und Pflegevater, der Fürst Lippaut, hatte versucht, die beiden zu versöhnen, aber Meljanz war in seinem jugendlichen Selbstgefühl zu tief getroffen und wies alle Versöhnungsversuche ab. Und jetzt ist also Meljanz mit seinem Heere nach Bearosche unterwegs, um sich Genugtuung zu verschaffen.»

Als der Knappe dies alles erzählt hatte, eilte er dem wegziehenden Heer nach. In Gawan aber wogten widerstreitende Empfindungen und Gedanken hin und her. «Soll ich mitreiten und den Kämpfen zuschauen, ohne selber daran teilzunehmen? Nein, das wäre gegen meine ritterliche Ehre, aber wenn ich an den Kämpfen teilnehme, und mich in Askalon verspäte, so ist es aus mit meinem Ruhm und meinem Ansehen.» Aber schließlich siegte die Kampfeslust, und er ritt dem Heere nach.

Die Stadt Bearosche lag auf einer steilen Anhöhe, von einer weiten Ebene umgeben. Als Gawan mit seiner kleinen Schar auf die Ebene hinausritt, sah er, daß König Meljanz schon unterhalb der Anhöhe sein Lager aufgeschlagen hatte. Er ritt durch das Lager hindurch, hier und da von jemand freundlich begrüßt. Er grüßte ebenso freundlich zurück, aber niemand lud ihn ein, zu bleiben und an den Kämpfen teilzunehmen. Gawan sagte sich: «Wenn ich wirklich bloß Zuschauer sein soll, dann habe ich einen besseren Überblick da oben unterhalb der Stadtmauer.» Dort trafen sie auf eine Wiese, auf der eine Linde und einige Ölbäume standen. Auf der Stadtmauer standen Armbrustschützen, aber sie hinderten Gawan nicht, als er nun seinen Knappen Befehl gab, unter diesen Bäumen sein Lager aufzuschlagen. Die Knappen bereiteten ihm einen bequemen Platz unter der Linde, wo der Schatten am dichtesten war, während sie die Saumpferde von den Lasten befreiten und sie an dem Hang weiden ließen.

Auf der anderen Seite der Mauer erhob sich die Burg, und die Linde war direkt unterhalb eines Fensters dieser Burg. An diesem Fenster saß die Fürstin selbst mit ihren beiden Töchtern Obie und Obilot, so nahe, daß Gawan hören konnte, was sie untereinander sprachen. Die Fürstin wunderte sich, wer wohl da direkt unter ihrem Fenster seinen Lagerplatz aufgeschlagen habe, und Obie, die ältere der Töchter, antwortete in verächtlichem Tonfall: «Das ist ein Kaufmann, das siehst du doch. Er führt ja Waren mit sich.» Aber die kleine Obilot, die noch ein Kind war, vielleicht zwölf Jahre alt, widersprach: «Es ist gewiß kein Kaufmann, es ist ein Ritter. Er ist so stattlich, daß ich ihn gerne zu meinem Ritter erwählen möchte.» Die Mutter gab ihr recht. «So benimmt sich kein Kaufmann», sagte sie. Aber Obie blieb bei ihrer Auffassung. Sie sandte einen Diener zu Gawan hinunter, um zu fragen, was der fremde Kaufmann wohl für Waren anzubieten habe, und was sie kosteten. Dies alles hörte Gawan, und als der Diener zögernd herankam – es war ja für jedermann deutlich, daß derjenige, der da unter der Linde saß, kein Kaufmann war –, ließ Gawan ihn mit blitzenden Augen vernehmen, daß er es schon zu spüren bekommen werde, wenn er nicht sofort Kehrt mache und verschwinde. Und er verschwand schneller, als er gekommen war.

Da sandte Obie einen anderen Diener zu dem Burggrafen und ließ sagen, daß ein fremder Kaufmann unter der Linde lagere, und er solle seine Waren beschlagnahmen. Als Scherules, der Burggraf, Gawans blitzende Augen und stolze Haltung sah, wußte er sofort, daß er keinen Kaufmann vor sich hatte. Er begrüßte ihn höflich, entschuldigte sich, daß Gawan so lange habe warten müssen, und bat, ihn als Gast in seinem eigenen Hause empfangen zu dürfen. Gawan dankte ihm und folgte seiner Einladung.

Da sandte Obie einen dritten Diener aus, diesmal zu ihrem eigenen Vater, und ließ sagen, daß ein Falschmünzer in die Stadt gekommen sei und daß er Waffen und Ausrüstung für sieben Männer mit sich führe. Lippaut, dem seine Söldner gerade einen höheren Lohn abverlangt hatten, überlegte, ob er hier nicht an eine unverhoffte Beute kommen könnte, und er machte sich auf, um zu untersuchen, was es mit diesem Fremden auf sich habe. Er erfuhr, daß der Burggraf den Fremden in sein eigenes Haus eingeladen hatte, und begab sich dorthin.

Unterwegs begegnete ihm Scherules, und als er diesen nach dem vermeintlichen Falschmünzer fragte, begann er zu lachen: «Herr, es ist ein stolzer und edler Ritter, der niemals etwas mit Münzeisen und Wechslerkassen zu tun gehabt hat. Wenn Ihr ihn in meinem Haus aufsuchen wollt, so werdet Ihr Euch selbst überzeugen, daß er ein edler und rechtschaffener Ritter ist.»

Als Lippaut zu Gawan ins Zimmer trat, sah er sofort, daß er einen vornehmen und kampfesgewohnten Ritter vor sich hatte, und er ersuchte ihn um Beistand in dem bevorstehenden Kampf. In innigen Worten sprach er von der Liebe zu seinen Töchtern und von der Hoffnung, daß sie ihm einmal den Sohn, den er niemals gehabt hatte, ins Haus bringen sollten. Er beklagte sich nicht über die beiden Liebenden, die durch ihre Uneinigkeit ihm so schweren Kummer bereiteten.

Gawan faßte Zuneigung zu dem Fürsten und sprach: «Gern würde ich Euch zu Hilfe kommen, aber durch mein Ehrenwort bin ich gebunden, zu einer festgesetzten Zeit mich dort einzufinden, wo ich meine ritterliche Ehre zu verteidigen habe. Aber ich verspreche Euch, alles noch einmal zu überlegen, und ich werde Euch heute abend meinen Entschluß mitteilen.»

Als Lippaut nach diesem Gespräch wieder in den Hof des Burggrafen hinauskam, begegnete ihm seine kleine Tochter Obilot, die dort mit ihrer Spielgefährtin Klauditte, der Tochter des Burggrafen, Ringe warf. «Liebes Töchterlein, wie kommst du hierher?» fragte der Fürst.

«Ich bin vom Schloßhof hier heruntergelaufen, lieber Vater», antwortete das Mädchen. «Ich will den fremden Ritter bitten, mich zu seiner Dame zu erwählen und für mich zu streiten.»

«Liebe Tochter, ich habe ihn gerade um Beistand gebeten, aber er antwortete weder ja noch nein. Vielleicht hast du mehr Erfolg als ich.»

Leichtfüßig und erwartungsvoll lief nun Obilot mit ihrer Spielgefährtin in das Haus hinein zu dem fremden Ritter. Dieser erhob sich höflich, als die beiden Mädchen in das Zimmer traten, begrüßte sie und dankte Obilot, daß sie ihn so tapfer verteidigt hatte, als ihre Schwester ihn verunglimpft hatte. Er bot ihr seine Hilfe und seinen Beistand an.

«Herr», antwortete die kleine Obilot mit tiefem Ernst, «gerade darum flehe ich Euch an. Eine ernste Gefahr zwingt mich dazu. Ich bitte Euch, denkt deswegen nicht schlecht von mir. Ich weiche nicht ab vom Pfade der Tugend. Ihr und ich, wir sind ja in Wirklichkeit eins, obwohl wir verschiedene Namen tragen. Nehmt also meinen Namen entgegen und seid Mädchen und Mann zugleich. An beide wendet sich meine Bitte. Als Mädchen suche ich Hilfe und Zuflucht bei Euch, und ich denke, Eure Ehre läßt es nicht zu, daß ich ohne Eure Hilfe fortgehe. Aber, edler Herr, wenn Ihr mir helft, will ich Euch die Liebe meines Herzens schenken.»

«Fräulein», antwortete Gawan, «ich habe mein Ehrenwort gegeben, mich pünktlich an einem anderen Ort einzufinden. Ihr wollt sicher nicht, daß ich es breche. Außerdem müßtet Ihr ja erst fünf Jahre älter werden, um mir den Minnelohn schenken zu können, wenn ich wirklich Euer Ritter werden und Euch meinen Dienst widmen sollte.»

Aber während er diese Worte sprach, erinnerte er sich an Parzivals Worte bei ihrem Abschied, er solle sich in den Dienst einer edlen Frau stellen und statt bei Gott bei ihr seinen Leitstern suchen. Da versprach er dem Fräulein, für sie die Rüstung anzulegen und ihr Ritter zu werden: «Mein Schwert sei in Eurer Hand. Wenn jemand mich angreift, so ist es Eure Hand, die mich verteidigt. Ihr kämpft für mich. Meint man mich im Kampfesgetümmel zu sehen, so seid Ihr es doch, die mein Schwert führt.»

Und das Mädchen antwortete feierlich: «Da Ihr mich jetzt von meiner Ungewißheit befreit habt, will ich Euer Schutz und Euer Schild, Euer Herz und Euer Trost sein. Ich bin Euer Dach für die Hagelstürme des Unglücks. Ich bin Eure freundliche Gefährtin. Meine Liebe soll Euch Frieden und Glück schenken, so daß Euer tapferer Arm die Burg bis zum äußersten verteidigen kann. Ich bin Burgherr und Burgherrin und will mit Euch im Kampfe sein. Wenn Ihr mir vertraut, sollen Glück und Kraft Euch nicht verlassen.»

«Fräulein», antwortete Gawan, «wenn ich mich jetzt in Euren Dienst stelle, so will ich als Lohn Eure Liebe und Euer Zutrauen haben.»

Bei diesen Worten lagen ihre kleinen Hände in den seinen. «Herr», sagte sie dann, «erlaubt mir jetzt Abschied zu nehmen. Ich muß an meine Aufgaben denken. Ich liebe Euch zu sehr, um Euch in den Kampf ziehen zu lassen ohne das Zeichen meiner Liebe. Ich muß eilen, Euch ein Liebeszeichen zu bereiten, das Ihr an Euren Schild befestigen könnt.»

Und sie nahm ihre Spielgefährtin an der Hand und fröhlich verließen die beiden Mädchen das Gemach. Die Tochter des Burggrafen fragte Obilot: «Was willst du ihm denn schenken? Wir haben ja nur unsere Puppen. Du darfst gern dir von meinen Puppen eine aussuchen, wenn du meinst, daß sie schöner ist als deine.»

Auf halbem Weg nach der Burg begegnete ihnen Lippaut. Er hielt an und fragte sein Töchterlein, ob sie was erreicht habe bei Gawan. Sie antwortete: «Vater, der Ritter hat ja gesagt. Nun brauche ich deine Hilfe und deinen Rat so dringend, wie niemals.»

«Liebe Tochter», antwortete der Fürst, «jeden Wunsch will ich dir gewähren. Der Tag deiner Geburt war wahrhaftig ein Glückstag für mich.» Er ließ sie zu sich auf das Pferd heben. «Sage mir jetzt deinen Kummer.»

«Vater, ich habe dem fremden Ritter ein Liebeszeichen versprochen. Ich war wohl von Sinnen, als ich das tat, denn ich besitze ja nichts. Wie soll ich nun weiterleben. Ich muß mich ja schämen, wenn ich kein Geschenk für ihn habe. Noch niemals hat ein Mädchen einen Ritter so in ihr Herz geschlossen.»

«Verlaß dich auf mich, mein Töchterlein», lächelte der Fürst. «Ich werde dir helfen. Die Mutter wird dir ein schönes Gewand schneidern lassen. Davon kannst du ihm dann ein passendes Liebeszeichen geben. Gott gebe, daß es uns zum Segen wird. Ich fühle großes Zutrauen zu dem edlen Fremdling. Ich erkannte ihn wieder, noch ehe ich mit ihm gesprochen hatte, denn er zeigte sich mir im Traume heute nacht.»

Als sie oben in der Burg angekommen waren, gingen Vater und Tochter zusammen zu der Fürstin. «Liebe Frau», sprach Lippaut, «helft uns! Obilot braucht ein neues Kleid. Sie ist es wert, denn ein edler Ritter will ihr und uns nach Kräften helfen und bittet um ein Liebeszeichen.»

Da ließ die Fürstin kostbare Stoffe kommen, aus denen sie eine goldgestickte Seide auswählten, und die Dienerinnen gingen mit Schere und Nadel daran, ein festliches Gewand für das Mädchen zu schneidern. Der rechte Ärmel wurde nur lose an das Gewand geheftet, denn er sollte ja als

Liebeszeichen an Gawan geschickt werden. Als die Schneiderinnen mit ihrer Arbeit fertig waren, streifte Obilot den Ärmel von ihrem Arm ab, und Klauditte lief mit ihm den Berg hinunter zu Gawan. Dieser dankte für die Gabe und ließ den kleinen Ärmel an einem seiner drei Schilde befestigen als das Liebeszeichen, das ihm im Kampfe Schutz und Kraft verleihen sollte.

Auf beiden Seiten waren jetzt große Heere versammelt, denn ein Verbündeter des Fürsten Lippaut hatte eine Ritterschar zu seiner Unterstützung gesandt, die jetzt bei Einbruch der Dunkelheit in die Stadt einzog. Diese Schar wurde von einem Bruder der Fürstin geführt. In dem hellen Mondschein bauten Lippauts Männer jetzt Verschanzungen vor den Stadttoren.

Als der Morgen kam, entstand ein großes Gedränge in den Gassen und Straßen der Stadt Bearosche. Helme und Lanzen glänzten in den ersten Sonnenstrahlen. Der Gesang der Lerchen über den sonnigen Feldern wurde an diesem Morgen vom Kriegsgetümmel übertönt, von Posaunen und Trommeln, von Kampfesgeschrei und dem Klang der Lanzen gegen Schilde, der Schwerter gegen Helme. Es rollte wie Donner über die sonst so stillen Felder.

Gawan und sein Gastgeber, der Burggraf Scherules, begannen den Tag mit der Messe und ritten dann zu ihrer Verschanzung, die sie mit Scherules' Männern zu verteidigen hatten. Draußen auf der Ebene ging Meljanz an der Spitze seiner Scharen zum Angriff vor. Die Schlachtrufe ertönten gewaltig, und viele Pferde galoppierten schon herrenlos herum, nachdem ihre Reiter aus dem Sattel geworfen waren.

Gawan verließ bald seinen Platz hinter der Verschanzung, warf sich in den Kampf und ging wie ein Frühlingssturm durch die kämpfenden Scharen, sich bald gegen die eine, bald gegen die andere der feindlichen Heerscharen wendend. Die Schwerter klangen, Lanzen zerbrachen, und viele Ritter wurden aus dem Sattel geworfen und mußten sich Gawan unterwerfen, darunter die Anführer verschiedener Ritterscharen. Die Pferde wurden von den Knappen zu den Männern des Burggrafen gebracht, denn viele von ihnen hatten ihre eigenen Pferde schon verloren.

In dem Heere des Königs Meljanz befanden sich auch Truppen, die er einmal in einem Krieg mit König Artus gefangen genommen hatte und die jetzt auf seiner Seite kämpfen mußten. Sie hatten aber ihren eigenen Schlachtruf und ihre Feldzeichen behalten. Als Gawan nun den Kampfesruf «Nantes» hörte und ihre Feldzeichen sah, kamen ihm die Tränen in die

Augen, und er wandte sich nach einer anderen Seite, denn gegen die Männer des König Artus wollte er nicht kämpfen.

Unter den Männern des Königs Meljanz befand sich auch ein Ritter in roter Rüstung, den niemand kannte und der deswegen der «unbekannte Ritter» genannt wurde. Er hatte vor drei Tagen dem König Meljanz seine Dienste angeboten. Jetzt fügte er den Verteidigern große Verluste zu. Die zwölf Knappen, die ihm König Meljanz zugeteilt hatte, waren voll beschäftigt damit, ihm neue Lanzen zu bringen, denn er warf einen Gegner nach dem anderen aus dem Sattel. Zwei von den Verbündeten des Fürsten Lippaut hatte er schon gefangen genommen, und die Verteidiger drängte er gegen die Stadttore zurück.

Auch der junge König Meljanz war mit seinen Truppen bis an die Verschanzungen vorgestoßen, und Gawan wandte sich nun dorthin.

Meljanz selbst kämpfte mit großer Tapferkeit, und Feinde wie Freunde mußten zugeben, daß sie noch nie einen so jungen Ritter mit so großer Tapferkeit hatten kämpfen sehen. Zerschlagene Schilde, zerbrochene Lanzen säumten seinen Weg. Niemand vermochte ihm Stand zu halten, bis ihm Gawan begegnete.

Gawan stieß seine Lanze mit großer Kraft mitten durch Meljanz' Schild. Sie drang durch die Rüstung und verwundete Meljanz am Arm. Dabei zerbrach die Lanze, die Spitze blieb im Arm stecken. Gawans Stoß war von so großer Kraft, daß sein eigener hinterer Sattelbogen zerbrach und er sich selbst wie auch seinen Gegner auf dem Boden wiederfand. Sie setzten den Kampf mit den Schwertern fort. Das Blut strömte aus der Wunde in Meljanz' Arm, und Gawan warf ihn schließlich zu Boden, zog ihn in eines der Tore der Verschanzung hinein und zwang ihn, sich zu unterwerfen.

Damit war der Kampf zu Ende. Die beiden Heere zogen sich zurück, die Angreifer in ihr Zeltlager, die Verteidiger in die Stadt hinein. Alle waren sich einig darin, daß der unbekannte rote Ritter in König Meljanz' Heer und der Ritter Obilots, dessen Name auch unbekannt war, die höchste Ehre in diesen Kämpfen gewonnen hatten.

Als der rote Ritter erfuhr, daß Meljanz sich hatte unterwerfen müssen, sagte er zu seinen Gefangenen: «König Meljanz wurde gefangen genommen. Bemüht euch, ihn frei zu bekommen dadurch, daß ihr euch an seiner Stelle seinem Überwinder unterwerft. Sollte euch dieses nicht gelingen, so verpflichte ich euch stattdessen, für mich den Weg zum Gral zu suchen.»

Sie meinten aber, daß ihnen dies nicht möglich sei, denn sie hätten zwar gehört, daß der Gral sich im Reich des Königs Anfortas befände, aber niemand wisse den Weg dorthin. Der rote Ritter antwortete: «Ziehet dann stattdessen nach Belrapeire und stellt euch in den Dienst der Königin dort. Sagt ihr, daß derjenige, der einmal Kingrun und Klamidé besiegte, sich jetzt in Sehnsucht nach dem Gral und nach ihrer Liebe verzehre. Nur daran kann er noch denken. Sagt ihr das, und nun behüte euch Gott, ihr Helden!»

Damit nahmen sie Abschied und begaben sich zur Stadt. Der rote Ritter wandte sich zu den Knappen, die ihm Meljanz zur Verfügung gestellt hatte, und sagte zu ihnen: «Nehmt als Lohn die Pferde, die ich hier im Streite gewonnen habe, und laßt mir nur eins davon, denn mein eigenes ist schwer verwundet.» Die Knappen dankten freudig für seine Freigiebigkeit, und er wählte unter den Pferden eins, das Gawan verloren hatte, als er den König Meljanz gefangen nahm. Es war Ingliart mit den kurzen Ohren – also nicht das Gralspferd Gringuljete, sondern ein anderes von Gawans Pferden. Auf ihm verließ der rote Ritter nun den Kampfplatz und zog weiter.

Als Gawan zu seinem Gastfreund, dem Burggrafen, zurückgekehrt war, löste er den kleinen goldbestickten Ärmel von seinem Schild und bat Klauditte, den Ärmel zu seiner kleinen Dame zu bringen. Er war zerhauen und zerfetzt, aber Obilot nahm in mit großer Freude entgegen und zog ihn sofort über ihren bloßen rechten Arm. Stolz ging sie in den Schloßgemächern herum, zeigte ihn allen, und jedesmal, wenn sie an Obie vorbeikam, fragte sie neckend: «Wer kann das wohl gewesen sein, der dieses Liebeszeichen an seinem Schild getragen hat?»

Gawan hatte seine vornehmen Gefangenen mit zu dem Burggrafen gebracht, und Scherules bereitete ihnen einen guten Empfang und sorgte in jeder Weise für ihre Bequemlichkeit. Der vornehmste von ihnen war der junge König Meljanz selbst, der ja in Wirklichkeit als Herrscher des Landes Lippauts Lehnsherr war.

Als den Gästen das Mahl aufgetragen wurde, blieb Scherules mit seinen ermüdeten Männern stehen. Gawan forderte sie freundlich auf, sich doch hinzusetzen und auszuruhen nach dem langen ermüdenden Kampf, aber Scherules antwortete: «Mein Herr, der Fürst Lippaut, ist der Vasall des Königs Meljanz. Wäre er selbst hier, so würde er seinem Lehnsherrn diese Ehre erweisen. Nun tue ich es an seiner Stelle, da er ja leider von dem Zorn seines Königs getroffen ist und darum nicht selbst zugegen sein kann.»

Dies rührte an das Herz des eigensinnigen jungen Königs, und er sagte freundlich: «So lange ich hier in Bearosche bei dem Fürsten Lippaut lebte, hat Scherules sich immer als mein Freund gezeigt. Er hat mir immer guten Rat gegeben und sich in seinem Betragen als einen rechten Ritter gezeigt. Dafür bin ich ihm zum Dank verpflichtet.»

In diesem Augenblick kamen die gefangenen Ritter an, die der rote Ritter hergeschickt hatte. Sie boten an, sich an Stelle des Königs Meljanz zu unterwerfen, aber Gawan weigerte sich, dies anzunehmen. Da erzählten sie, daß der rote Ritter sie für diesen Fall beauftragt habe, entweder für ihn den Gral zu suchen oder sich in den Dienst der Herrin von Belrapeire zu stellen. So erfuhr Gawan, daß sein Freund Parzival an den Kämpfen teilgenommen hatte, und zwar auf der Seite seiner Gegner, und er dankte Gott, daß er im Kampfesgetümmel nicht mit ihm zusammengestoßen war.

Nun sandte Gawan einen Boten in die Burg hinauf und bat Lippaut, sich mit seinen Gefangenen einfinden zu dürfen, um von der Dame seines Herzens Abschied zu nehmen. Der Bote kam zurück mit dem Bescheid, daß er willkommen sei. Als Gawan und König Meljanz in den Festsaal der Burg eintraten, eilte ihnen Lippaut entgegen und sagte der Sitte gemäß: «Meine Gemahlin, Eure alte Freundin, möchte euch gern mit einem Willkommenskuß empfangen, wenn Ihr ihr diese Ehre gönnen wollt.»

Der eigensinnige Meljanz antwortete darauf: «Von zweien der Damen empfange ich gern Kuß und Willkommen, aber mit der dritten versöhne ich mich nicht!» Da brachen die Fürstin und Obie in Tränen aus. Begann nun die Halsstarrigkeit des jungen Königs endlich zu schwinden? Sagte ihm Obies verzweifeltes Weinen, wie stark ihre Liebe zu ihm war?

Nachdem die Fürstin Gawan und seine königlichen Mitgefangenen begrüßt hatte, kam Gawan zu Obilot. Er hob seine kleine Dame zu sich hoch, und sie legte die Arme um seinen Hals in inniger Umarmung. Zu Meljanz gewandt sprach Gawan: «Ihr habt Euch mir unterworfen, und nun gebe ich Eure Unterwerfung weiter an diese Dame meines Herzens. Ich habe sie hier in meinem Arm, die die Bürgschaft meiner Freude ist. Ihr Gefangener seid Ihr jetzt.»

Meljanz trat heran und versprach Obilot Unterwerfung, indem er ihre Hand in seine nahm. Es war ein feierlicher Augenblick, aber Obilot konnte es nicht lassen, ihre Schwester ein bißchen zu necken. «Herr König», sagte sie, «Ihr habt unrecht getan, Euch meinem Ritter zu übergeben, denn er ist ja nur ein verkleideter Kaufmann, wie meine Schwester behauptet.» Aber sie wurde sogleich wieder ernst: «Herr König, die Unterwerfung, die Ihr mir versprochen habt, übergebe ich hiermit an meine Schwester Obie. Sie soll Eure liebe Gemahlin werden, und Ihr sollt ihr Herr und Gatte sein, und ihr sollt euch von Herzen lieb haben. Dies ist mein unwiderruflicher Befehl!» Allen schien es, Gott selbst habe durch ihren kindlichen Mund gesprochen.

Meljanz wandte sich jetzt Obie zu. Ihre Augen strahlten ihm durch Tränen entgegen. Er nahm ihre beiden Hände. Sie küßte weinend seinen verwundeten Arm. Frau Minne ließ in ihrer Macht und Weisheit die Liebe des Herzens wieder zwischen den beiden aufblühen.

Fürst Lippaut sah seinen Herzenswunsch in Erfüllung gehen. Künftig würde er seine Tochter Herrin nennen, da sie nun mit seinem Lehnsherrn vereint war.

Und jetzt war der Augenblick des Abschieds für Gawan gekommen. Weinend bat ihn Obilot: «Nehmt mich doch mit!» Aber Gawan löste vorsichtig ihre Hände von seinem Nacken und übergab sie der Mutter, die sie in ihre Arme schloß und sie zu trösten suchte. Lippaut dankte ihm herzlich für die Schicksalshilfe, die er ihm selbst, seiner Familie und dem ganzen Land geleistet hatte.

Scherules gab Gawan reiche Vorräte mit und begleitete ihn und seine kleine Schar ein Stück des Weges. Und nun ritt Gawan neuen gefährlichen Abenteuern entgegen.

ACHTES BUCH

GAWAN UND ANTIKONIE

Das Land Askalon suchte Gawan, und er mußte weite Strecken überwinden, um sein Ziel zu erreichen. Unbekannte Wege führten ihn durch endlose Wälder, deren Lichtungen so klein waren, daß man kaum ein Zelt darauf aufschlagen konnte. Dann waren hohe Gebirge und sumpfige Niederungen zu überwinden. Endlich glänzte in der Ferne die herrliche Stadt Schanpfanzun vor ihm auf.

Der Weg dorthin führte über eine weite Ebene. Als Gawan schon eine gute Strecke hinter sich gebracht hatte, begegnete er einer Jagdgesellschaft, mit Vergulacht, dem jungen König des Landes, an der Spitze. Dieser begrüßte ihn zwar freundlich, brach aber die Jagd nicht etwa ab, um mit seinem Gast auf das Schloß zurückzukehren – so hätte es eigentlich die höfische Sitte verlangt, – sondern er sagte zu Gawan: «Reitet nur weiter. Ich schicke Euch einen Ritter mit, der Euch zu meiner Schwester Antikonie führen soll. In ihrer Gesellschaft werdet Ihr Euch die Zeit gut vertreiben. Ich will meine Jagd fortsetzen.»

Gawan und seine kleine Schar von Knappen folgten nun dem Ritter, der sie durch Sümpfe und Buschwald zur Stadt führte. In der Burg standen Knappen bereit, die ihnen die

Rüstungen abnahmen, und alle ihre Waffen wurden in dem großen Rittersaal des Schlosses aufgehängt. Gawans Knappen blieben im Burghof zurück, und er ließ sich allein von dem Ritter zu der jungen schönen Königin Antikonie führen.

Sie begrüßte ihn höflich und bot ihm den Willkommenskuß an. Als Gawan ihre roten Lippen mit den seinen berührte, wurde es unversehens ein inniger Kuß. Beide verstanden das kunstvolle Spiel höfischer Werbung, und so ging manches spielerische Wort hin und her. Gawan und Antikonie fühlten sich stark zueinander hingezogen, das Gespräch war vertraulich und umkreiste die Dinge der Liebe. Gawan legte seinen Arm um ihre Schultern und berührte ihren zarten Leib, und sie duldete es gern.

In diesem Augenblick trat ein alter weißhaariger Ritter zur Tür herein. Er sah den fremden Ritter, der der Königin ganz nahe, zu nahe, saß, und als er Gawan erkannte, schrie er entrüstet: «Elender! War es nicht genug, daß Ihr meinen Herrn erschlagen habt? Müßt Ihr nun auch noch seine Tochter verführen? Herbei zu den Waffen! Der Ehrlose kränkt unsere Königin!»

Da sieht Gawan die Gefahr, von einer feindlichen Übermacht umringt zu werden, denn er ist dazu noch waffenlos. «Herrin, was können wir tun? Wir haben nichts, um uns zu verteidigen. Hätte ich doch nur mein Schwert!»

«Laß uns in den Turm da drüben fliehen», rief Antikonie, «dort können sie uns wenigstens nicht umzingeln.» Und sie eilten über den kleinen Burghof in den Turm, der nur eine Tür hatte.

Jetzt eilten aus allen Winkeln der Burg Ritter und Knappen herbei. Einige schwangen ihre Schwerter, andere hatten Keulen und Äxte in den Händen. Gawan sah sich um nach Waffen und nahm den schweren Riegel, womit das Tor von innen verschlossen werden konnte, stellte sich in die offene Tür und schwang ihn gegen die Verfolger. Die vordersten wurden von schweren Schlägen getroffen, und sie wichen etwas zurück.

Antikonie suchte in der Turmkammer nach etwas, was als Waffe dienen könnte. Sie fand ein großes Schachbrett, groß genug, um als Schild zu dienen. Im Schutze des Schildes warf Antikonie mit Geschick und Kraft die schweren Schachfiguren, eine nach der anderen, gegen die Angreifer, und wer von einer getroffen wurde, der fiel um. Wieder zogen die Angreifer sich etwas zurück, aber der alte weißhaarige Ritter hetzte sie von neuem auf. In diesem Augenblick kam auch der König von der Jagd zurück. Was nun geschieht, erweist ihn nicht als einen ehrhaften Ritter: Anstatt einzugreifen, um die Ordnung wieder herzustellen, trieb er die verräterische Horde nur noch mehr an.

Gawan und Antikonie mußten nun in den Turm zurückweichen. Aber in diesem Augenblick der höchsten Not kam Kingrimursel, der Ritter, der Gawan bei König Artus herausgefordert und die Anklage gegen ihn ausgesprochen hatte, und der ihm im Namen seines Königs freies Geleit versprochen hatte; kein anderer als er allein sollte gegen Gawan zu den Waffen greifen. So war sein Versprechen gewesen.

Er kam, sah die Gefahr, die Gawan drohte, und rief zu ihm: «Held! Laß mich zu dir hinein! Ich will auf deiner Seite kämpfen!» Er drängte sich durch die aufgehetzten Scharen hindurch. Alle wichen vor ihm zurück, denn als Burggraf war er eine bekannte und verehrte Gestalt. Und Gawan ließ ihn in den Turm hinein.

Als die Angreifer dieses sahen, wurden sie unsicher und fingen an, sich zurückzuziehen. Aber König Vergulacht war ganz von Sinnen und trieb sie an, gegen den Turm zu stürmen. «Was zögert ihr? Der fremde Ritter hat mir Schaden zugefügt. Reißt den ganzen Turm ab, wenn es nicht anders geht!»

Aber seine Untertanen waren jetzt zur Besinnung gekommen. Sie berieten sich und wählten einen Sprecher, der zu dem König ging und sagte: «Herr König, wir weigern uns, unseren eigenen Burggrafen anzugreifen. Er ist ja außerdem Euer Verwandter. Schließt mit den beiden Männern im Turme wenigstens für vierundzwanzig Stunden Waffenstillstand und beratet Euch während dieser Zeit mit Euren Ratgebern. Dieses Unternehmen kann sonst zu Eurem eigenen Schaden ausgehen und Euer Ansehen mindern. Seht, Eure edle Schwester steht weinend drüben bei Eurem Gast. Ihr habt ihn selbst zu ihr geschickt. Wenigstens ihretwegen müßtet Ihr ihn jetzt schonen.»

Diese Worte machten einen Eindruck auf den König. Er ging auf den Vorschlag ein und ließ für vierundzwanzig Stunden Waffenruhe ausrufen. Die Scharen zerstreuten sich schnell, und der Burghof lag ruhig und still. Im Turm umarmte Antikonie den Burggrafen und dankte ihm, daß er so tapfer ihr und Gawan zu Hilfe gekommen war: «Du bist der rechte Sohn meines Oheims!» Sein Vater und der Vater der königlichen Geschwister waren nämlich Brüder. Die falsche Anklage gegen Gawan, die Kingrimursel am Hofe König Artus ausgesprochen hatte, geschah also wegen seines eigenen Oheims.

Vergulacht hielt sich noch im Burghof auf, und vom Tor des Turmes wandte sich jetzt Antikonie an ihn. Sie machte ihm Vorwürfe, daß er einen Angriff auf eine wehrlose Frau nicht nur erlaubt, sondern noch gefördert hatte. «Ich hatte nur einen Schild zu meinem Schutz: Bescheidenheit und Zucht. Diesen Schild hielt ich vor den Ritter, den Ihr mir selbst gesandt habt. Ihr habt schlecht gegen mich gehandelt, daß Euer Gast sich vor dem Tode bei mir retten mußte. Dies wird Eurem Ansehen schaden.»

Auch Kingrimursel erinnerte daran, daß er im Namen und Auftrag des Königs dem Ritter Gawan freies Geleit versprochen hatte. «Dieses Ehrenwort habt Ihr, Herr König, gebrochen. Wenn Ihr es nicht besser versteht, mit Fürsten umzugehen, so werden wir Eure Krone nicht mehr achten.»

Auf diese Vorwürfe hatte König Vergulacht keine Antwort. Er forderte seine Schwester auf, sich mit den beiden Helden, die bei ihr standen, in ihre eigenen Gemächer zurückzuziehen. Er selbst wolle mit seinen Ratgebern überlegen, was nun zu geschehen habe. «Lege dann auch dein Ehrgefühl und dein Gewissen mit auf die Waagschale!» rief ihm seine Schwester nach.

Zu Gawan sagte Kingrimursel: «Der Zweikampf, zu dem ich Euch aufgefordert hatte, ist durch diese Geschehnisse unmöglich geworden. Mein Herrscher hat ihn durch sein törichtes Eingreifen vereitelt. Aber meine Herausforderung gilt noch: Versprecht mir, daß Ihr Euch heute übers Jahr zu diesem Zeitkampf einfindet. Er soll dann bei König Meljanz in seiner Hauptstadt Barbigöl ausgetragen werden.»

Gawan verpflichtete sich bei seiner Ritterehre, sich zur festgesetzten Zeit dort einzustellen.

Als im Saal des Königs endlich die Beratung begann, handelte sie zunächst nicht von Gawan. Denn der König Vergulacht bat ums Wort und erzählte eine seltsame Geschichte: «Kürzlich war ich auf Abenteuersuche ausgeritten, und ich begegnete einem unbekannten roten Ritter. Wir kämpften miteinander, ich wurde besiegt und mußte mich dem roten Ritter unterwerfen. Er verlangte von mir, daß ich den Gral suchen solle. Wenn ich das nicht tun könne, solle ich mich nach Belrapeire begeben und mich der Königin dort zur Verfügung stellen. Und ich solle ihr sagen: Der einst König Klamidé besiegte, denkt immer noch an Euch, ist in Gedanken bei Euch und liebt Euch herzlich.»

Diese ihm abgezwungene Unterwerfung lag wie eine schwere Last auf des Königs Gemüt. Müßte er jetzt sein Reich verlassen, um auf unbekannten und gefährlichen Wegen ein ungewisses Ziel zu suchen?

Da sprach Liddamus, einer der Ratgeber des Königs: «Herr, wenn Ihr es erlaubt, möchte ich dieses raten: Gawan sitzt hier in der Falle wie ein gefangener Vogel. Fände er in Eurer Burg den Tod, so brächte es uns nur Schande. So fordert ihn auf, er solle versprechen, für Euch den Gral zu erringen. Nirgends steht eine so wehrhafte Burg wie Munsalväsche, und auf dem Weg zu ihr wird er harte Kämpfe bestehen müssen.»

Dem König war dieser Vorschlag sehr willkommen, und auch die übrigen Ratgeber stimmten zu. Während dieser Ereignisse und Verhandlungen war der Tag zu Ende gegangen. Die Nacht brach ein, und alle begaben sich zur Ruhe.

Am nächsten Morgen, nach der Frühmesse, versammelten sich alle wieder im großen Rittersaal, der König mit seinen Vasallen, Antikonie mit Gawan und Kingrimursel. Antikonie trat zu ihrem Bruder und sprach: «Hier bringe ich dir den Helden, den du selbst mir gesandt hast. Überwinde jetzt deinen Unwillen und handle gegen ihn so, wie das Recht und das Gewissen es verlangen, in Treue zu deiner Ehre, in Treue zu mir. Sonst wird dich alle Welt hart verurteilen.»

Der König wandte sich an Gawan: «Herr Gawan, Ihr seid in die Welt hinausgeritten, um Ehre und Ruhm zu gewinnen. Wenn Ihr mir eine Bitte erfüllt, könnt Ihr Euer Ziel erreichen, und Ihr helft auch mir, die Verzeihung meiner Schwester zu erlangen. Wenn Ihr darauf eingeht, dann will auch ich Euch den Schaden, den Ihr mir zugefügt habt, verzeihen. Gebt mir also das Versprechen, daß Ihr sofort, ohne Verzögerung und von ganzem Herzen auf die Gralssuche zieht.»

Damit war die Versöhnung zustandegekommen, und Gawan bekam seine Rüstung und seine Waffen wieder, die am Tage zuvor in diesem Rittersaal aufgehängt worden waren. Er fragte auch nach seinen Knappen, und sie wurden ihm zugeführt und waren glücklich, ihren Herrn gesund und heil wiederzusehen. Gawan wunderte sich, wo sie wohl die ganze Zeit gewesen seien, und sie antworteten beschämt, daß sie kurz nach der Ankunft gestern, sich hatten verleiten lassen, einen Sperber zu verfolgen und sich dabei so weit weg vom Schloß verirrt hatten, daß sie erst zurückkamen, als der ganze Tumult vorbei war und ihr Herr sich bei Antikonie befand.

Wer den Gral sucht, der muß allein reiten. Und so konnten die Jünglinge Gawan jetzt nicht weiter folgen. Er bat Kingrimursel, ihnen einen Führer mitzugeben, damit sie an den Hof von König Artus heimkehren könnten.

Gawan und Antikonie verabschiedeten sich zärtlich und bewegten Herzens. Sie waren durch die gemeinsam überstandenen Gefahren einander sehr nahe gekommen. Der Abschied fiel beiden schwer. Gawan wappnete sich – vielleicht half ihm Antikonie dabei, wie es Sitte war – und ging dann zu seinem Pferd hinaus, das seine Knappen gesattelt und vorgeführt hatten. Es war das Gralspferd Gringuljete mit den roten Ohren. Gawan saß auf und ritt einsam und allein davon. Er ließ das Land Askalon hinter sich, um den Weg zum Gral zu suchen.

NEUNTES BUCH

PARZIVAL UND TREVRIZENT

Parzival und Gawan waren nun beide in die Welt des Unbekannten hinausgeritten, um den Weg zum Gral zu suchen, Parzival aus eigenem, freiem Entschluß, aber mit Trauer und Bitternis im Herzen, Gawan unter dem Zwang der Unterwerfung, um dadurch sein eigenes Leben zu retten, Parzival mit einem Gralsschwert und dem Pferd Ingliart mit den kurzen Ohren, Gawan auf dem Gralspferd Gringuljete.

Sie wußten wenig voneinander. Eigentlich war es ja Parzival, der Gawan auf den Gralsweg sandte, ohne daß er es wußte. Gawan hat es sicher geahnt, als er hörte, daß König Vergulacht von einem roten Ritter überwunden worden war. Und er hatte ja auch kurz vorher erfahren, daß Parzival in seiner Nähe war und anderen Rittern ebenfalls den Auftrag gegeben hatte, auf die Suche nach dem Gral zu gehen.

Wer sich auf die Gralsuche begibt, der wagt sich in das Unbekannte. So vergingen jetzt auch vier Jahre in dem Leben der *beiden* Helden, von denen die Sage nicht viel erzählt.

Parzival war durch viele Länder geritten und hatte zu Schiff viele Meere befahren. Er hatte viele harte Kämpfe ausgefochten, aber sein Ziel blieb ihm verborgen, er hatte den Gral nicht gefunden.

In einem seiner Kämpfe zerbrach das Gralsschwert, aber Sigunes Worte waren ihm in Erinnerung, und er begab sich zu der Quelle Lac im Lande Karnant. Er hielt die Schwertstücke gut zusammen, als er sie vor Sonnenaufgang in das Wasser senkte, und als er das Schwert wieder aus dem Wasser hob, war es heil und zerbrach nie wieder, wie oft er es auch führte im Kampf. Auch das Pferd Ingliart mit den kurzen Ohren trug ihn treu auf allen Fahrten und durch alle Kämpfe.

Als die Zeit vorbei war, kam Parzival eines Morgens durch einen Wald geritten, und dort unter einer Felsenwand sah er eine neuerbaute Eremitenklause. Hinter der Klause sprang eine Quelle aus dem Felsen, und die Hütte war so über dem Bach hin gebaut, daß er durch sie hindurchfloß. Sie hatte keine Tür, nur ein Fensterlein.

Parzival klopfte an die Fensterluke. «Ist jemand da?»

«Ja», antwortete eine Frauenstimme.

Parzival saß ab, band das Pferd an den Ast eines umgefallenen Baumstamms und lehnte seinen zerhauenen Schild an den Baumstamm. Waffenlos ging er zur Hütte zurück. Er wollte sich erkundigen, in welchem Wald er sich befinde. Er klopfte an und bat die unbekannte Frau, doch an das Fenster heranzutreten. Eine blasse und abgezehrte Frau mit einem Gebetbuch in der Hand öffnete den Fensterladen und grüßte ihn freundlich. «Es steht eine Bank dort an der Seite», sagte sie, «bitte, nehmt Platz.»

Sie trug das Gewand einer Büßerin. Ihre langen Haare waren ergraut und dünn. Gesicht und Lippen waren blaß, aber zu seinem Erstaunen sah Parzival, daß die Hand, die das Buch hielt, mit einem Ring geschmückt war, an dem im Halbdunkel ein Granat feurigrot leuchtete.

Parzival dankte ihr für die Einladung und fragte: «Wie könnt Ihr so allein in dieser Wildnis leben? Weit und breit ist kein Haus zu sehen! Woher bekommt Ihr Euer Essen? Es gibt ja keine Menschen in Eurer Nähe?»

«Meine Speise wird mir vom Grale gebracht», antwortete sie. «Die Zauberin Kundry bringt sie mir an jedem Sonnabend in der Nacht für die folgende Woche. Um meine Nahrung brauche ich keine Sorge zu haben.»

Die Frau sprach vom Gral, und den Weg dahin hatte Parzival ja lange Zeit mühevoll gesucht. Warum fragte er jetzt nicht, wie er dahin gelangen könne? Was hielt ihn zurück? Parzival war mißtrauisch, ob die Frau wirklich die fromme Klausnerin war, wie es den Anschein hatte. Wie war es mit dem Ring an ihrer Hand? Er war doch das Zeichen für die Liebe eines Mannes, und eine Klausnerin mußte ja auf alle weltliche Liebe verzichten.

Auf seine zweifelnde Frage antwortete sie: «Diesen Ring trage ich als ein Zeichen des Bundes mit einem Ritter, der mir in der Jugend diente. Wir liebten einander, aber ich verweigerte ihm die Erfüllung der Minne. Ich blieb Jungfrau, und er fiel für mich im Kampf gegen den Herzog Orilus. Nun habe ich mein Leben seinem Andenken geweiht, und diesen Ring trage ich als Zeichen dafür. Ich lebe allein hier in der Hütte. Sie ist über seinem Grab erbaut, und ich verbringe hier meine kummervollen Tage mit Gebet und Buße. Mein Leben gehört ihm auch jetzt nach seinem Tode. Sein Name ist Schionatulander.

Überwältigt und ergriffen hörte Parzival ihre Worte, denn nun wußte er, daß er vor Sigune stand. Hastig nahm er den Helm ab und wandte sich wortlos ihr zu. Trotz des Eisenrostes, der sein Gesicht bedeckte, erkannte sie ihn und rief: «Seid Ihr es, Parzival? Sagt, wie steht es um Eure Sache mit dem Gral? Habt Ihr sein wahres Wesen erkannt? Was ist aus Eurem Haß geworden?»

Parzival antwortete ihr: «Der Gral hat mich die ganze Freude am Leben gekostet. Seinetwegen verließ ich ein Reich, dessen Krone ich trug, auch die Gemahlin, die schönste und holdeste Frau, die geboren wurde. Ich verzehre mich in Sehnsucht nach ihrem reinen Wesen und nach ihrer Liebe, aber noch stärker ist meine Sehnsucht nach einem höheren Ziel: ich muß den Gral wiederfinden! Liebe Base, du tust unrecht, mir länger zu grollen, da du jetzt meine ganze Not kennst.»

«Lieber Vetter», antwortete Sigune, «ich will alle Vorwürfe gegen dich vergessen. Du hast ja das Glück deines Lebens verscherzt, da du versäumtest, die rechte Frage zu stellen, als du bei dem herrlichen Anfortas warst. Die richtige Frage hätte dir ein Glück geschenkt, das alles Glück dieser Welt übertrifft.»

«Ich handelte töricht», antwortete er, «mir selbst zum größten Schaden. Aber sag mir auch, wie geht es dir? Ich würde gerne etwas tun, dein Los zu mildern, wenn nicht meine eigene Not so groß wäre. Liebe Base, gib mir Rat, wie ich weiterkommen kann!»

«So helfe dir derjenige, der alle menschliche Not kennt», antwortete sie, «vielleicht kannst du hier eine Spur finden, die dir den Weg nach Munsalväsche zeigt. Die Zauberin Kundry ist erst vor kurzem von hier weggeritten.

Sie bindet immer ihr Maultier dort an, wo die Quelle aus dem Felsen springt. Versuch ihrer Spur zu folgen, vielleicht kannst du sie einholen.»

Bei diesen Worten erwachte Hoffnung in Parzival. Er dankte Sigune, setzte den Helm wieder auf, nahm Schild und Schwert, saß auf und folgte der Spur. Diese war zuerst deutlich und leicht zu sehen, aber bald wurde sie undeutlich, und schließlich verschwand sie ganz in der Wildnis. Da hatte Parzival zum zweiten Mal den Weg zum Gral verloren. Er ritt weiter durch den Wald, aber wohin sollte er sich nun wenden?

Allmählich lichtete sich der Wald, der Weg zog sich an einer tiefen Schlucht entlang. Da kam ihm ein Ritter entgegen mit blankem Harnisch unter einem kostbaren Waffenrock, aber ohne Helm. Er ritt an Parzival heran und sagte: «Herr, es gefällt mir gar nicht, daß Ihr euren Weg durch den Wald meines Herrn nehmt. Niemand kommt ungestraft so nahe an Munsalväsche heran. Wer es tut, der muß einen gefährlichen Kampf bestehen, und eine Buße leisten, die man draußen vor dem Wald den Tod nennt.»

Mit diesen Worten setzte sich der Ritter den Helm auf und machte sich zum Angriff bereit. Beide ließen ihre Pferde erst rückwärts gehen, um größere Kraft in den Angriff legen zu können, und kamen dann in vollem Galopp aufeinander zu. Der Zusammenstoß war so heftig, daß der Gralsritter aus dem Sattel geschleudert wurde und über den steilen Abhang in die Schlucht hinunterstürzte. Parzival konnte sein Pferd nicht mehr zügeln, es stürzte ebenfalls in die Schlucht. Im letzten Augenblick ergriff Parzival einen kräftigen Baumast und schwang sich wieder auf festen Boden zurück. Aber tot lag unten in der Schlucht sein Pferd Ingliart mit den kurzen Ohren, das Pferd, das er in den Kämpfen bei Bearosche gewonnen hatte und das ihn so treu durch viele Länder und in vielen Kämpfen getragen hatte.

Der Gralsritter kletterte eilends am gegenüberliegenden Hang der Schlucht hoch und verschwand im Wald. Aber sein Pferd stand noch da. Als der Gralsritter aus dem Sattel geworfen wurde, hatten sich die Zügel so um die Vorderhufe des Pferdes gewickelt, daß es sich nicht bewegen konnte. Parzival löste vorsichtig die Vorderhufe aus den Zügeln, dann schwang er sich in den Sattel. So hatte er zum Gralsschwert auch ein Gralspferd gewonnen. Nur die Lanze war beim Zusammenstoß mit dem Gralsritter zerbrochen.

Parzival setzte seinen Ritt fort, ohne zu wissen, wohin er sich nun wenden solle; auch zeigte sich kein Ritter von Munsalväsche mehr. Tief war seine Trauer, daß er wiederum den Weg zum Gral nicht gefunden hatte. Und so waren es Irrfahrten, die ihn immer wieder in jene Waldesgegenden zurückführten, die an das Gralsreich angrenzen.

Wieviel Zeit über dieses vergebliche Suchen dahinging, wußte er selbst nicht. Aber eines Morgens – es war schon etwas Schnee gefallen – da begegnete ihm in diesen Wäldern ein Zug von Pilgern. Sie waren mit groben Kutten angetan und gingen barfuß im Schnee, sie schienen aber nicht zu frieren.

Der graubärtige Ritter, der an der Spitze ging, hatte eine gesunde Gesichtsfarbe, und seine beiden Töchter, die ihm mit ihrer Mutter folgten, hatten rote Wangen und frische rote Lippen. Einige Ritter und Knappen, demütig und ernst blickend, beschlossen den Zug. Parzivals Harnisch, sein Wappenrock, seine Waffen boten einen ganz anderen Anblick als die groben rauhen Kutten und bloßen Füße. Parzival grüßte höfisch, und der alte Ritter grüßte freundlich zurück, aber er tat auch sein Bedauern kund, daß Parzival an diesem heiligen Tag in voller Rüstung daherreite.

Parzival antwortete: «Edler Herr, ich weiß nichts vom Laufe der Zeit. Ich weiß nicht, wann das Jahr anfing, ich weiß nicht in welcher Woche wir leben. Einst diente ich demjenigen, den die Menschen Gott nennen, aber er ließ zu, daß mein Dienst mit Schimpf und Schande belohnt wurde. Ich war ihm in meinen Herzen treu. Man hatte mir gesagt, daß er uns helfen will, aber ich habe nichts von seiner Hilfe gemerkt.»

Der alte Ritter antwortete: «Meint Ihr den Gott, den die Jungfrau Maria gebar? Wenn Ihr daran glaubt, daß er an diesem Tag für uns Menschen den Kreuzestod litt, dann ist es unrecht von Euch, heute Waffen zu tragen. Denn es ist Karfreitag, da sollen wir Menschen uns freuen, aber auch seufzen und demütig sein. Hat es jemals eine größere Treue gegeben als die von Gott, als er sich unseretwegen kreuzigen ließ? Wenn Ihr die Taufe empfangen habt, edler Herr, so solltet Ihr in Eurem Herzen fühlen, wie unermeßlich groß es ist, daß er sein Leben um unseretwillen hingab. Edler Herr, wenn Ihr kein Heide seid, dann folgt unserer Spur, sie führt Euch zu einem heiligen Mann, einem Einsiedler, der Euch Buße für Eure Sünden auferlegen kann.»

Jetzt aber mischten sich die Töchter des Ritters in das Gespräch ein: «Vater, warum sprichst du so streng mit dem fremden Ritter? Sieh doch, er friert in seiner Rüstung. Warum bittest du ihn nicht, mitzukommen zu unserem Lagerplatz, daß er sich dort wärme?»

Der graubärtige Ritter sagte: «Herr, meine Töchter haben recht. Jedes Jahr um diese Zeit lasse ich mein Lager nicht weit von hier errichten. Kommt mit uns dahin, wärmt Euch und nehmt teil an unserer Mahlzeit.»

Seine Gemahlin und die Töchter luden ihn auch mit vielen freundlichen Worten ein, aber Parzival sagte zu sich selbst: «Es ziemt sich nicht, daß ich von ihrer Gastfreundschaft Gebrauch mache, da ich mich ja von Gott abgewandt habe, den sie lieben und von dem sie sich Hilfe erhoffen. Mir hat er nicht geholfen. Mich hat er nicht vor Trauer oder Sorge und Not bewahrt.»

So dankte er für ihre Freundlichkeit und bat um Verzeihung, daß er ihre Einladung nicht annehmen könne. Sie nahmen voneinander Abschied, und Parzival ritt in ihren Spuren weiter. Aber die kurze Begegnung hatte doch seine Seele bewegt. Er erinnerte sich an das, was die Mutter ihn in seiner Kindheit gelehrt hatte. Er dachte an den Gott, der die ganze Welt geschaffen hat. «Vielleicht will Gott doch helfen. Wenn er so mächtig ist, und wenn wir heute des Tages seiner Hilfe gedenken, so möge er mich von meiner Trübsal befreien, wenn er kann.»

Er wandte sich um und sah, daß die kleine Pilgerschar, die er eben verlassen hatte, noch dastand und ihm nachblickte, betrübt, daß er nicht bei ihnen geblieben war. Er sagte zu sich: «Wenn Gott so mächtig ist, daß er Menschen und Tiere nach seinem Willen leiten kann, so mag er jetzt mein Pferd den rechten Weg führen. Geh nun, wie Gott will!» Und er ließ die Zügel auf den Hals des Pferdes sinken und gab ihm kräftig die Sporen.

Das Pferd folgte in raschem Trab den Spuren der Pilger. Der Weg führte über einen offenen Platz, der Parzival bekannt vorkam. Hatte er nicht hier einst mit Orilus gekämpft und ihn gezwungen, sich mit Frau Jeschute zu versöhnen?

Das Pferd trabte weiter, auf die Stelle zu, wo der Einsiedler lebte, von dem die Pilger gesprochen hatten. Es war ein frommer Mann, der sich von allen Freuden der Welt abgewandt und hier in die Wildnis zurückgezogen hatte, um sein Leben in Fasten, Gebet und Andachtsübungen zu verbringen. Sein Name war Trevrizent. Von ihm sollte nun Parzival mehr über den Gral erfahren.

Was konnte Trevrizent davon wissen? Hier berichtet die Geschichte von Kyot, dem Meister der Dichtkunst, der schon lange Zeit vorher nach dem Geheimnis des Grals geforscht hatte. In der spanischen Stadt Toledo fand Kyot einst ein Buch in arabischer Schrift, und aus ihm erfuhr er etwas über die Herkunft des Grals: Einst lebte ein weiser Mann, der Flegetanis hieß und von König Salomo abstammte. Er kannte den Gang der Sterne über das Himmelsgewölbe, er konnte ihre Geheimnisse deuten und er wußte, wie die Schicksale der Menschen mit dem Gang der Gestirne verbunden sind. Flegetanis las in der Sternenschrift das Geheimnis des Gral: Engel hatten einst den Gral vom Himmel auf die Erde geführt und waren dann zum Himmel zurückgekehrt. Seither haben christliche Ritter die Aufgabe der Engel übernommen, den Gral mit reinem Herzen zu hüten.

Dies alles erfuhr Kyot aus dem arabischen Buch. Er begann nun nachzuforschen, wo auf Erden es wohl ein Geschlecht gäbe, das würdig sei, dem Gral zu dienen. Er forschte in den Geschichtsbüchern der Bretagne, Irlands, Frankreichs und anderer Länder. Und endlich fand er im Königreich Anschauwe eine Chronik, in der berichtet wurde, König Titurel habe den Auftrag bekommen, Gralshüter zu sein. Er habe dann diese Aufgabe an seinen Sohn Frimutel weitergegeben, und nach Frimutel sei dessen Sohn Anfortas Hüter des Grals geworden. Dies war die Geschichte von Kyot. Was er noch erzählt, wissen wir schon: Des Anfortas Schwester, Herzeloyde, ist Parzivals Mutter. Und so hat es das Schicksal wohl vorgezeichnet, daß Parzival sich auf die Suche nach dem Gral begeben mußte.

Jetzt trug ihn sein Pferd an die Klause des Einsiedlers heran.

Trevrizent hörte die Hufschläge, kam aus seiner Grotte heraus und sah erstaunt einen vollgerüsteten Ritter vor sich stehen. «Weh, Herr», rief er, «wie könnt Ihr Euch so schwer vergehen, daß Ihr an diesem heiligen Tag in voller Rüstung geritten kommt. Legt Eure Waffen ab, kommt herein und wärmt Euch an meinem Feuer. Es muß Euch kalt sein. Was führt euch aber in meine Einsamkeit?»

Parzival schwang sich vom Pferd, begrüßte Trevrizent ehrerbietig und erzählte von seiner Begegnung mit dem graubärtigen Ritter und dem Gespräch mit ihm. «Herr», sagte der Eremit, «Ihr seid von einem edlen Mann hierhergesandt worden. Er pilgert jedes Jahr um diese Jahreszeit zu mir.»

Parzival fragte, ob ihn nicht der plötzliche Anblick eines gerüsteten Ritters in der Waldeseinsamkeit erschreckt habe. Trevrizent antwortete, daß er wohl manchmal vor den wilden Tieren Furcht gehabt habe, aber niemals vor einem Menschen: «Ich kenne die Menschen und ihr Leben und Treiben, ich habe einst für ritterlichen Kampf und Frauendienst gelebt. Ich war ein

Ritter wie ihr und ich bin nie einem Kampf ausgewichen. Aber dies alles ist jetzt vergessen! Reicht mir die Zügel, Herr! Dort unter der Felswand soll Euer Pferd sich ausruhen. Später werden wir ihm Futter holen, junge Zweige und Farne. Etwas anderes habe ich nicht.»

Parzival wollte dem Einsiedler die Mühe mit seinem Pferd verwehren, aber er bekam zur Antwort, daß es nicht gute Sitte sei, mit seinem Gastgeber zu streiten. Und so mußte er ihm die Zügel geben.

Dann führte er Parzival in eine Höhle, die Windschutz gab und von glühenden Kohlen in einem Becken erwärmt wurde. Er zündete eine Kerze an, und in ihrem Schein legte jetzt Parzival die Rüstung ab. Die Wärme tat seinen steifgefrorenen Gliedern wohl, das Blut kam wieder in Bewegung.

Der Einsiedler war ihm jetzt ein freundlicher Gastgeber, der gut für ihn sorgte. Er lieh ihm eine grobe Kutte und führte ihn in eine andere Höhle hinein. Dort stand ein Reliquienschrein auf einem groben Steinaltar. Der Altar war von keiner Decke geschmückt, denn es war Karfreitag.

«Herr», rief Parzival, «diese Stätte erkenne ich wieder! Hier bin ich schon einmal gewesen. Auf jenem Schrein habe ich einen Eid geschworen. Eine bunte Lanze stand damals gegen den Altar gelehnt. Ich nahm sie mit und siegte mit ihr in zwei Kämpfen, ohne daß es mir selbst recht bewußt war. Man hat es mir so erzählt. Ich war damals so in Gedanken an meine geliebte Frau versunken, daß ich nichts um mich herum wahrnahm. Damals war ich noch geachtet als Ritter. Jetzt aber drückt mich eine schwerere Sorgenlast, als je ein Mensch hat tragen müssen. Herr, bitte sagt mir aufrichtig, wie lange ist es her, daß ich jene Lanze mit mir nahm?»

Der Einsiedler antwortete ihm: «Mein Freund Taurian vergaß die Lanze hier und vermißte sie später. Viereinhalb Jahre und drei Tage sind verflossen seit jenem Tage, da Ihr sie mit Euch genommen habt.»

«Wie lange irre ich schon in der Welt umher, während alle Freuden des Lebens mir verloren sind! Denn ich trage eine schwere Last von Leid und Trauer. Während dieser ganzen Zeit bin ich kein einziges Mal in einer Kirche gewesen, wo Gottes Wort verkündet wird. Ich suchte nur den Kampf und fühlte Haß auf Gott, der mich so schwer leiden läßt, und doch spricht die ganze Welt davon, daß er unser wahrer Helfer sei. Mir hat er nicht geholfen.»

Trevrizent seufzte, blickte seinen Gast lange an und sagte: «Herr, Euer Gottvertrauen sollte größer sein! Gott hilft, wenn es an der Zeit ist. Setzt

Euch und erzählt mir ruhig und besonnen, wie Ihr dazu gekommen seid, Gott zu hassen. Aber erlaubt mir, Euch erst zu schildern, wie es sich in Wirklichkeit mit Gott verhält. Er ist die Treue selbst, und wer ihm ohne Wankelmut dient, dem wird er auch helfen. Wir müssen ihm immer dankbar sein, weil er seinen himmlischen Sohn unseretwegen Mensch werden ließ. Gott ist die Wahrheit selbst. Falschheit und Treulosigkeit sind ihm ganz fremd. Bedenkt dies wohl und hütet Euch, an Gott zu zweifeln.»

Trevrizent erzählte nun von der Erschaffung des Menschen, von dem Sündenfall, und von Kain, der durch den ersten Brudermord die jungfräuliche Erde schändete: «Damals wurde der Haß im Menschen geboren. Daher mußte Gott selbst Gestalt annehmen in einem Kind, das von einer reinen Jungfrau geboren wurde. Gott erbarmte sich der Menschen und kam selbst zur Erde, um durch seinen Kreuzestod uns alle von den Folgen des Sündenfalls zu erlösen.

Um Eurer Seele Heil willen, tut Buße für Eure Sünden! Denn Gott ist lauter Liebe. Er ist das Licht, das die ganze Welt erleuchtet. Gott kennt unsere Gedanken. Kein Gedanke kann im Menschenherzen entstehen, ohne daß Gott im voraus sein Wesen erkannt hat. Den richtigen Gedanken nimmt Gott in seinen Schutz. Wenn nun Gott unsere Gedanken kennt, wie muß er dann leiden unter unseren unvollkommenen Taten! Wenn ein Mensch durch seine Taten sich außerhalb der Gnade Gottes stellt, so daß Gott sich seiner schämen muß, wohin soll sich die arme Seele dann wenden? Gott ist bereit zu beidem, zu Liebe und zu Zorn. Wer seinen Zorn herausfordert, der ist verloren. Herr, denkt um! Tut Buße, so daß Gott Euch helfen kann. Wenn Ihr nicht von einem Schweigegelübde gebunden seid, so vertraut Euch mir an. Vielleicht kann ich Euch einen Rat geben.»

Da antwortete Parzival: «Mein höchstes Streben gilt dem Gral, doch sehne ich mich auch nach meiner lieben Gemahlin. Nie gab es eine schönere Frau auf Erden. Nach beiden verzehre ich mich in Sehnsucht.»

«Lieber Herr», sagte Trevrizent, «es ist verständlich, daß Ihr nach Eurer Gemahlin Sehnsucht habt, denn eine rechte Ehe ist ein herrliches Geschenk Gottes und hilft dem Menschen, auf dem rechten Weg zu bleiben. Aber wenn Ihr sagt, daß Eure höchste Sehnsucht nach dem Gral geht, dann seid Ihr wahrhaftig bedauernswert, denn nur der kann den Gral gewinnen, der im Himmel dazu ausersehen ist. Ich weiß es wohl, denn ich habe es selbst erlebt.»

«Seid Ihr dort gewesen?» fragte Parzival. Er verriet nicht, was er selbst dort erlebt hatte, sondern versuchte den Einsiedler auszufragen, was denn das Geheimnis des Grals sei.

Trevrizent antwortete: «Viele tapfere Ritter wohnen in der Gralsburg Munsalväsche. Wenn sie in den Kampf ziehen, dann kämpfen sie als Buße für ihre Sünden. Ich will Euch auch erzählen, wie diese tapferen Männer ihre Nahrung bekommen. Sie bekommen sie von einem geheimnisreichen Stein von allergrößter Reinheit. Sein Name ist Lapis ex coelis, das bedeutet Der Stein aus den Himmeln. Wenn ein Mensch diesen Stein erblickt, kann ihm in der ganzen folgenden Woche der Tod nichts anhaben, wie krank er auch sein möge. Menschen, die seines Anblicks würdig sind, altern auch nicht. Ihr Aussehen bleibt frisch und blühend wie in jungen Jahren, nur die Haare ergrauen. Dieser Stein wird der Gral genannt.

Heute, am Karfreitag, kann man schauen, wie eine leuchtend weiße Taube vom Himmel herabschwebt und eine kleine Oblate auf den Gral legt. Dann schwingt sie sich wieder zum Himmel hinauf. Diese himmlische Gabe verleiht dem Gral die Kraft, den Menschen das Beste an Speise und Trank zu schenken, was die Erde zu bieten hat. So ist es der Gral selbst, der den tapferen Gralsrittern ihren Lebensunterhalt bringt.

Aber hört jetzt auch, wie man zum Gralsdienst berufen wird: Eine Inschrift wird an dem Stein sichtbar. Sie verkündet Name und Herkunft der Knaben und Mädchen, die zum Gralsdienst berufen werden. Sobald man die Schrift gelesen hat, verschwindet sie von selbst vor den Augen. Alle, die jetzt als erwachsene Menschen dort leben, wurden als Kinder dahingebracht. Die Freude ist gleich groß bei Armen wie bei Reichen, wenn ein Bote kommt, der ihr Kind zum Gralsdienst holt. Gralsdienst bewahrt vor Sünde und Schande, und im Himmel erwartet sie höchster Lohn. Einst führten Engel den Gral vom Himmel zur Erde, pflegten und schützten ihn dort. Als sie wieder zum Himmel zurückberufen wurden, erhielten Menschen den Auftrag, den Gral auf der Erde zu hüten und zu schützen. So, Herr, verhält es sich mit dem Gral.»

Parzival sprach: «Ich habe immer darum gekämpft, irdischen Ruhm und ewige Seligkeit zu gewinnen. Wenn Gott weiß, was rechte Ritterschaft ist, mag er mich zum Gralsdienst berufen, daß sie mich dort kennenlernen.»

Trevrizent antwortete: «Lieber Freund, Demut ist die erste Tugend, die der Gral verlangt. Hochmut kommt immer vor dem Fall!»

Die Tränen kamen Trevrizent, als er an das Unglück dachte, von dem er Parzival jetzt erzählen wollte: «Im Gralsreich herrscht ein König, der Anfortas heißt. Seine Jugend, seine Macht und ein übermäßiges Liebesverlangen machten ihn stolz und hochmütig. Aber was er dafür erhielt, waren nur bitteres Leid, denn eine solche Lebensart geziemt sich nicht für den, der dem Gral dient. Wer ihm dient, muß sich vor Hochmut und Leichtfertigkeit hüten. Demut muß seine erste Tugend sein.

Im Gralsreich dient eine auserwählte Bruderschaft, die dank ihrer Tapferkeit alle ungeladenen Gäste vom Gral fernhält: nur denen ist er bekannt, die zu dieser Bruderschaft berufen werden. Ein einziger kam ungerufen dorthin. Es war ein Mensch von wenig Verstand, und schuldbeladen verließ er wieder das Gralsreich, weil er den Burgherrn nicht nach der Ursache seiner Leiden gefragt hat. Er sah sie doch mit eigenen Augen! Vor diesem Mann kam einmal König Lähelin an den See Brumbane geritten. Dort kämpfte er mit einem Gralsritter, tötete ihn und raubte sein Pferd.

Herr, seid Ihr vielleicht jener Lähelin? Euer Pferd dort trägt das Gralswappen an der Satteldecke, die Turteltaube, die von Anfortas als Gralswappen gewählt wurde, als er noch in Freude lebte. Er hatte dies Wappen von seinem Großvater Titurel und seinem Vater Frimutel geerbt. Frimutel fiel im Kampfe für eine edle Frau. Ihm solltet Ihr versuchen, gleich zu werden. Er war ein Held ohne Tadel. Herr, Ihr seid ihm im Aussehen ähnlich. Woher kommt Ihr? Aus welchem Geschlecht stammt Ihr?»

Sie sahen einander gerade in die Augen, als Parzival nun antwortete: «Herr, mein Vater ist der Anscheweine Gachmuret, der im Streben nach ritterlichem Ruhm fiel. Lähelin bin ich nicht. Ich habe einmal einen Toten geplündert, aber das geschah aus kindischem Unverstand. Herrn Ither von Kukumerland hat meine sündige Hand getötet. Ich warf ihn tot ins Gras und nahm seine Rüstung und sein Pferd.»

«O weh, du schreckliche Welt, ist das dein Lauf?» rief Trevrizent erschüttert. «Wahrhaftig, du bringst den Menschen mehr Leid und Elend als Freude. Lieber Neffe, du hast deinen eigenen Verwandten getötet! Wenn du mit dieser Schuld einmal vor Gottes Thron stehst, wird sein Urteil dich hart treffen. Herr Ither war ein Mann ohne Furcht und Tadel. Sein Tod wurde von allen betrauert und beklagt. Gott erbarme sich deiner, der du solches Leid verursacht hast! Auch deine Mutter Herzeloyde, meine Schwester, starb von Trauer, weil du von ihr gingst.»

«Lieber Herr, was sagt Ihr?» rief Parzival, in seinem Innersten erschüttert, «wahrhaftig, wenn ich auch Herr über den Gral wäre, diese Trauerbotschaft könnte ich nie verschmerzen. Ich bitte Euch, wenn ich wirklich Euer Neffe bin, so sagt mir, ist dies wirklich wahr?»

Der treue Trevrizent antwortete: «Auf Lüge und Falschheit verstehe ich mich nicht. Die treue Liebe deiner Mutter wurde ihr Tod, als du sie verlassen hattest. Du warst das Tier, das sie säugte, und der Drache, der von ihr davonflog in jenem Traum, den sie vor deiner Geburt hatte. Meine zweite Schwester, Schoysiane, starb bei der Geburt ihrer Tochter Sigune. Meine dritte Schwester, die edle Jungfrau Repanse de Schoye, dient dem Gral.

Mein Bruder Anfortas, der Gralskönig, lebt in Schmerzen und Not, mit der einzigen Hoffnung, daß seine Plage sich eines Tages in Glückseligkeit verwandle. Als er nach dem Tode unseres Vaters Frimutel zum Gralskönig erwählt wurde, war er noch sehr jung. Eines Tages wurde eine Inschrift auf dem Gral sichtbar. Sie tat kund, wen mein Bruder zur Gemahlin wählen sollte. Aber er liebte schon eine andere Frau, und daraus entstand Trauer und Herzensweh für ihn und für uns alle. Zwar gewann er großen Ruhm im Dienste seiner Geliebten, eines Tages aber traf ihn das Unglück: Ein vergifteter Speer fügte ihm eine schlimme Wunde zu. Totenbleich und mit letzter Kraft kam er zu uns zurück. Man trug den König zum Gral. Sein Anblick rettete ihn vor dem Tode, aber nicht vor dem Leiden. Er durfte nicht sterben. Er mußte Gralskönig bleiben. Die Wunde eiterte stark, und die berühmtesten Heilkundigen, die wir herbeiholten, konnten kein Mittel dagegen finden. Wir durchsuchten die Arzneibücher des Abendlandes und des Morgenlandes nach Hilfe für den König, aber alles war vergebens.

Einst, als wir im Gebet versunken vor dem Gral lagen, leuchtete eine Inschrift an dem Stein auf. Sie verkündete, einmal werde ein fremder Ritter zur Gralsburg kommen. Wenn er die Frage stellen würde, was das Leiden des Königs verursache, würde der König geheilt werden. Aber niemand dürfte ihn zu einer solchen Frage ermuntern. Sie müsse ganz aus ihm selbst heraus kommen, und es müsse am ersten Abend sein. Wenn er die Frage zu spät stellte, dann würden die Qualen des Königs noch schlimmer werden. Nur wer zur rechten Zeit frage, werde statt Anfortas Gralskönig.

Nichts half gegen die Schmerzen, die der König erlitt. So zog ich mich hierher in die Wildnis zurück, in der Hoffnung, Gott werde meine Gebete erhören. Einmal erhielt ich die Nachricht, ein Ritter habe wirklich den Weg nach Munsalväsche gefunden. Aber er ging schuldbeladen von dannen, denn er sah zwar die Not des Königs, fragte aber nicht.»

Wieder empfand Parzival die große Schuld, die er auf sich geladen hatte, und die Trauer lastete so schwer auf seiner Seele, daß er nicht den Mut fand Trevrizent zu offenbaren, daß er selbst dieser unglückselige Ritter gewesen sei.

Als die Sonne die Mittagshöhe erreicht hatte, sagte Trevrizent: «Laß uns jetzt unsere Nahrung suchen gehen. Dein Pferd hat auch noch kein Futter bekommen. Ihm wollen wir junge Eibenzweige sammeln, und für uns Kräuter und Wurzeln.»

Nach der Sitte frommer Einsiedler lebte Trevrizent nur von dem, was er im Walde an eßbaren Wurzeln, Kräutern und im Sommer an Beeren finden konnte. Er nahm weder Fleisch noch Fisch zu sich, auch nichts, was von Getreide bereitet war. Sein Getränk war Wasser.

Zusammen gingen sie nun in den Wald. Trevrizent zeigte Parzival, wo junge Eiben wuchsen. Er selbst grub eßbare Wurzeln unter dem Schnee hervor und wusch sie sorgfältig in der Quelle, während Parzival seinem Pferd einen Arm voll Eibenzweige brachte. Dann wuschen sie ihre Hände in der Quelle und gingen mit ihren Wurzeln und Kräutern in die Grotte, wo das Kohlenfeuer brannte und sie setzten sich dort auf ausgebreitete Tannenzweige.

«Mein lieber Neffe», sagte Trevrizent, «niemand wünscht dir mehr von Herzen alles Gute als ich. Freilich tut es mir leid, daß ich dir heute nur diese ärmliche Kost anbieten kann.»

Parzival antwortete: «So wahr ich auf Gottes Gnade hoffe, habe ich nie etwas genossen, was mehr sich für mich schickte als dieses Essen. Denn, edler Herr, lieber Bruder meiner Mutter, ich schäme mich sehr vor dem Bekenntnis, das ich jetzt ablegen muß. Um Gottes Barmherzigkeit willen, habt Nachsicht mit mir! Ihr seid jetzt die einzige Zuflucht meines Herzens. Ich habe mich so schwer versündigt, daß es keine Hoffnung mehr für mich gibt: Der Unglückselige, der nach Munsalväsche kam, der die Not des Königs sah und doch nicht fragte, dieser Unglückselige war ich.»

«Neffe, was sagst du da?» rief Trevrizent bestürzt. «Nun müssen wir aus tiefstem Herzen zusammen trauern und klagen. Hat dein Verstand dich so ganz im Stich gelassen? Gott hat dir doch deine Sinne geschenkt. Du hast gehört, du hast gesehen, aber deine Augen und Ohren weckten keine teilnehmende Frage in deinem Herzen. Das war eine schwere Schuld. Und doch muß ich dir sagen: du darfst dich nicht ganz der Verzweiflung hingeben. Auch in der Verzweiflung mußt du Maß halten, und einmal muß die Trauer ein Ende haben. Wenn du wieder Mut faßt, dich aus deiner Verzweiflung zu erheben, kannst du aufs neue Gott vertrauen, dann können sich dir ganz neue Wege eröffnen, und Verlorenes wirst du wiedergewinnen. Gott läßt dich nicht im Stich, dessen kannst du gewiß sein.

Hast du wohl den Speer in der Gralsburg gesehen? Wenn der Planet Saturn einen Umlauf vollendet hat und wieder am höchsten Punkt seiner Bahn steht, dann merkt man das an der Wunde und an dem Schnee, der im Sommer fällt. Dann werden die Qualen deines Oheims besonders schlimm. Die starke Kälte erregt große Schmerzen. Die Körperwärme schwindet, der Leib fühlt sich an, als ob er kälter wäre als Schnee. Wird dann die vergiftete Speerspitze in die Wunde gelegt, zieht das brennende Gift den Frost aus dem Körper. So wird ein Schmerz mit dem anderen betäubt.

Wahrhaftig, dieses Gift hat eine furchtbare Kraft. Der König kann weder reiten noch gehen, weder liegen noch aufrecht sitzen oder stehen. Qualvoll lebt er so halb liegend in einem Lehnstuhl. Bei Mondwechsel peinigen ihn furchtbare Schmerzen, und die Wunde verströmt einen üblen Geruch. Dann rudert man ihn auf den See Brumbane hinaus, damit in der milden frischen Luft dort der üble Geruch weniger stark bemerkbar wird. Dies nennt der König seinen Jagdtag, doch seine Beute ist gering, er kann sich nicht davon ernähren. Aber daher stammt die Sage, daß er ein Fischer sei.»

Parzival antwortete: «Ich sah ihn zuerst in einem Kahn draußen auf dem Wasser. Ich dachte, er fische zum Vergnügen. Ich war an dem Tag weit geritten, ich hatte am frühen Vormittag Belrapeire verlassen. Als der Abend kam, sah ich mich nach einer Nachtherberge um, und der Oheim wies mir den Weg zur Gralsburg.»

«Du bist einen gefährlichen Weg geritten», sagte Trevrizent. «Er führte an Wachtposten vorbei, die mit Gralsrittern stark besetzt sind, und niemand kommt an ihnen vorbei. Ein Kampf mit ihnen geht um Leben oder Tod, denn sie nehmen keine Unterwerfung an.»

«Aber ich gelangte doch unangefochten zur Gralsburg und am Abend sah ich den Rittersaal voll Trauer und Klage. Ein Knappe kam zur Tür herein und trug einen Speer im ganzen Saal herum. Blut floß von der Speerspitze.»

«Niemals, weder vorher noch nachher», sagte Trevrizent, «hat der König so gelitten wie an jenem Abend. Der Planet Saturn brachte so starken Frost, daß es nichts nützte, die Speerspitze in die Wunde zu legen. Sie spürt es im voraus, daß Saturn seinen höchsten Stand erreicht, und die Kälte in der Natur setzt erst später ein. Der Schnee fiel in der folgenden Nacht.»

Parzival sprach: «Ich sah fünfundzwanzig edle Jungfrauen vor dem König stehen.»

«Es müssen immer reine Jungfrauen sein, die dem Grale dienen», antwortete Trevrizent, «so hat Gott es bestimmt. Sie kommen schon als Kinder auf die Gralsburg. Sie sind von edler Abstammung und großer Schönheit. Auch die Gralsritter werden schon als Kind dort erzogen. Wenn ein Reich seinen Herrscher verliert, so kann es einen neuen bekommen von Munsalväsche. Ein Gralsritter wird dann zum König jenes Reiches ausersehen, und er wird dorthin gesandt. Gottes Segen ruht auf ihm.

Wer entschlossen ist, dem Gral zu dienen, muß auf das Glück der Liebe verzichten. Nur der König darf eine Gemahlin haben, desgleichen auch die Gralsritter, die als Könige in andere Länder geschickt werden. Ich trotzte diesem Gebot und diente einer edlen Dame um Minnelohn. Ihr zu Ehren suchte ich den Kampf. Meine Fahrten führten mich weit herum in Europa, in Asien und im fernen Afrika.

Ither von Kukumerland, deines Vaters junger Verwandter, war damals mein Knappe. Tief muß ich trauern über seinen Tod. Du warst ihm durch Blutsbande verbunden und vor Gott wird diese Freveltat nicht leicht vergessen.

Zwei große Sünden lasten auf deinem Gewissen: Du hast Ither getötet, und du bist schuld am Tod deiner eigenen Mutter. Ihre treue Liebe zu dir war so groß, daß der Abschied von dir sie das Leben gekostet hat. Höre auf meinen Rat: Tue Buße für deine Sünden, denke an das Ende des Lebens. Bemühe dich, hier auf Erden so zu leben, daß deine Seele mit dem himmlischen Reiche Frieden bekommt!»

Trevrizent fragte dann, wie Parzival zu dem Pferd aus dem Gralsreich gekommen sei, und Parzival berichtete, wie er nach der Begegnung mit Sigune auf einen Gralsritter gestoßen sei und ihn vom Pferd geworfen habe. «Niemand kann mir das zum Vorwurf machen. Ich gewann das Pferd im ehrlichen Zweikampf. Ich verlor ja mein eigenes Pferd.»

Parzival fragte nun nach der Jungfrau, die den Gral getragen und ihm ihren Mantel geliehen hatte.

Trevrizent antwortete: «Lieber Neffe, diese Jungfrau ist die Schwester deiner Mutter. Sie lieh dir ihren Mantel, weil sie glaubte, du würdest der Herr des Gralsreiches werden. Auch Anfortas, dein Oheim, hatte diese Hoffnung; er gab dir das Schwert und sagte, daß er es in vielen Kämpfen getragen habe. Und du hast eine schwere Schuld auf dich genommen, als du dann nicht nach seinem Leiden fragtest. Das war deine dritte große Sünde. Aber für heute haben wir genug gesprochen. Es ist Zeit für uns, zur Ruhe zu gehen.»

Der Schlafplatz war so einfach wie ihre Nahrung. Es gab weder Polster noch Decken. Sie legten sich einfach auf die Tannenzweige in der Höhle, wo das Feuer brannte.

Zwei Wochen blieb Parzival bei Trevrizent und teilte sein hartes, karges Leben. Kräuter und Wurzeln waren ihre Nahrung, Wasser ihr Getränk, der Boden ihr Schlafplatz. Aber Parzival trug diese Entbehrungen leicht, denn sein Oheim setzte seine Unterweisung fort und ließ ihn an seiner Lebensweisheit teilhaben. Er gab ihm Ratschläge für sein inneres Leben, und so kamen ihm Mut und Kraft wieder, sein Schicksal zu tragen.

Einmal fragte Parzival nach dem Greise, den er einen kurzen Augenblick durch die Tür erblickt hatte, als der Gral hinausgetragen wurde: Seine Haare waren ergraut, aber seine Haut frisch und blühend.

«Das war Titurel», antwortete Trevrizent, «er ist der Stammvater des Gralsgeschlechts, der Großvater deiner Mutter und von uns Geschwistern allen. Er bekam den Auftrag, den Gral zu hüten, und gab diesen Auftrag an seinen Sohn Frimutel weiter. Frimutel war der Vater deiner Mutter und auch mein Vater. Titurel leidet an einer unheilbaren Lähmung, aber da er jeden Tag den Gral erblicken darf, kann der Tod ihm nichts anhaben. Er hilft den Gralsrittern mit seiner Weisheit und seinem Rat.»

Und dann kam der Augenblick, wo Trevrizent zu Parzival sagte: «Laß nun mich deine Sünden tragen. Ich verbürge mich vor Gott für deine Buße und Wandlung. Gehe in Frieden! Folge meinen Ratschlägen, sei treu in deinem Streben!»

Sie nahmen voneinander Abschied. Parzival schwang sich in den Sattel des Gralspferdes und ritt wieder in die Welt hinaus.

ZEHNTES BUCH

GAWAN UND ORGELUSE

Hoch verwundert war Parzival, als er von Trevrizent erfahren hatte, daß viereinhalb Jahre und drei Tage vergangen waren, seit er Taurians Lanze von Trevrizents Grotte mitgenommen hatte. Eine so lange Zeit hatte er Irrfahrten erleiden müssen auf der Suche nach dem Gral. Sein erster Besuch in der Gralsburg, der Zweikampf mit Orilus, die Begegnung mit Gawan und mit dem Hof des Königs Artus, auch Gawans Kämpfe in Bearosche und seine Erlebnisse im Lande Askolan, das alles war innerhalb der ersten vierzig Tage nach den Ereignissen am Hof des Artus geschehen, als Gawan seinen Namen und die Kraft seines Armes Parzival zur Verfügung gestellt hatte.

Nach dem Urteil in Schanpfanzun zog auch Gawan in die Welt hinaus, um den Gral zu suchen. Während der vier folgenden Jahre erfahren wir von Gawan nur, daß er sich nach Jahresfrist zum verabredeten Zweikampf in Barbigöl einstellte. Auch König Vergulacht war da, um dem Manne zu begegnen, der angeklagt war, seinen Vater ermordet zu haben. Aber die Ratsversammlung bei König Meljanz hatte erfahren, daß Gawan und Vergulacht Blutsverwandte waren, und damit wurde der Kampf eingestellt. Gleichzeitig kam zur Kenntnis, daß die Anklage gegen Gawan von Anfang an falsch gewesen war. Der Schuldige war ein ganz anderer, und damit war auch Kingrimursel zufrieden und forderte nicht mehr, daß Gawan mit dem Schwert seine Unschuld verteidigen solle.

So waren also vier Jahre verflossen, und Gawan befand sich immer noch auf der Fahrt zu ritterlichen Abenteuern. Eines Tages kam er auf dem Gralspferd Gringuljete reitend zu einer mächtigen Linde. Gegen den Stamm gelehnt war ein zerhauener Schild, der im Sonnenschein glänzte, daneben stand ein Pferd mit einem Frauensattel. Gawan ritt um die Linde herum und fand auf der anderen Seite einen verwundeten Ritter, der bewußtlos dalag, den Kopf im Schoß seiner wehklagenden Gemahlin.

Gawan grüßte sie und fragte teilnehmend, ob der Ritter gestorben sei. Sie antwortete mit einer Stimme, die vor Weinen und Klagen ganz heiser war: «Herr, er ist noch am Leben, wird aber wohl bald sterben. Wißt Ihr einen Rat? Vielleicht hat Gott Euch zur Hilfe gesandt!»

Gawan saß von seinem Pferde ab, beugte sich über den Ritter und sah, daß er in der Brust eine tiefe Wunde hatte. Gawan erkannte, daß das Blut nach innen geflossen war und auf das Herz drückte. Er sagte: «Wenn wir nur ein kleines Rohr hätten, womit wir das Blut heraussaugen könnten, dann würden wir sein Leben gewiß retten.»

Er schnitt ein Zweiglein von der Linde und klopfte die Rinde, so daß ein Rohr daraus entstand. Er steckte es behutsam in die Wunde, und die Frau sog daran, bis das Blut anfing zu strömen. Da kam der Ritter wieder zu Bewußtsein. Dann verbanden sie die Wunde, und Gawan sprach einen Wundsegen darüber.

Der verwundete Ritter dankte ihm herzlich und sagte: «Seid Ihr etwa nach Logrois unterwegs, der Burg der schönen Herzogin Orgeluse? Das war auch mein Ziel, aber ich begegnete dem fürchterlichen Kämpfer Lischois Gwellius, und er fügte mir diese Wunde zu. Reitet nicht dahin, wenn Euch Euer Leben lieb ist.»

Gawan dankte für die Warnung, aber sein Kampfesmut war geweckt, und er beschloß, die Burg Logrois aufzusuchen. So nahm er Abschied und ritt weiter. Bald sah er mitten auf der Heide einen Berg. Er war kegelförmig, und auf der Spitze erhob sich die stolze Burg Logrois. Um den Berg ging ein Weg in Spiralen nach oben. Wer diesen Berg und den spiralförmigen Weg eine Weile betrachtete, bekam fast das Gefühl, daß der ganze Berg in Bewegung war und sich um sich selbst drehte.

Gawan ritt nun an den Berg heran und folgte diesem Weg in seinen Windungen nach oben. Er kam zu einer kleinen Felsplatte, wo eine Quelle entsprang und neben dieser Quelle stand die schönste Frau, die Gawan je gesehen hatte. Ihre Schönheit, so schien es ihm, wurde nur von der Schönheit Kondwiramurs übertroffen.

Gawan fühlte stark, daß er jetzt seinem Schicksal begegne. In dem Dienst dieser Frau war er bereit, jede Mühe und jeden Kampf auf sich zu nehmen, wie gefährlich er auch sei. Er grüßte sie höfisch, pries ihre Schönheit in hochgestimmten Worten und erbat sich die Erlaubnis, vom Pferde absitzen und zu ihr herantreten zu dürfen.

Sie antwortete sehr kühl und abweisend: «Es ist nicht nötig, daß Ihr viele Worte verliert – ich weiß selbst, daß ich schön bin. Ich rate Euch, laßt Euch nicht weiter mit mir ein, denn das könnte sehr gefährlich werden für Euch!»

Gawan aber ließ sich nicht abweisen, sondern antwortete mit neuen Liebeserklärungen, und er bekam neue Warnungen zu hören: «Wollt Ihr mir dienen, so müßt Ihr Euer Leben im Kampfe verbringen. Ihr müßt bereit sein, Spott und Schande auszustehen. Aber meinetwegen, wenn Ihr es unbedingt wollt, so sitzt ab. Folgt jenem Fußpfade dort, geht über die Brücke. Dort findet Ihr ein Gartentor. In dem Garten sind viele Menschen, die singen und tanzen, Flöte spielen und Tambourin schlagen. Kümmert Euch nicht weiter um sie, sondern geht nur gradeaus zu dem Platz, wo ein Pferd angebunden steht. Löst sein Halfter, es folgt Euch dann von selbst nach.»

Gawan saß nun ab und sah sich um nach einer Stelle, wo er sein Pferd anbinden könne, während er den Gang in den Garten machte. Aber es gab da weder einen Baum noch einen hervorspringenden Felsen, und er überlegte, ob er wohl die stolze Dame bitten könne, für ihn die Zügel zu halten. Die Dame, es war die Herzogin Orgeluse, sagte: «Ich weiß, was Ihr denkt. Gebt mir die Zügel, ich werde das Pferd für Euch halten.» Aber als er ihr die Zügel reichte, rief sie ganz empört: «Ich werde mich hüten, die Zügel an der Stelle zu halten, die Eure Hände berührt haben!»

Gawan antwortete demütig: «Edle Herrin, diesen vorderen Teil der Zügel berühre ich nie.» Und sie ließ sich wirklich dazu herab, die Zügel zu übernehmen.

Gawan wandte sich nun dem Pfad zu, den sie ihm gezeigt hatte, ging über die Brücke durch das Gartentor und kam in einen Baumgarten. Er war voll von fröhlich singenden und tanzenden Menschen. Als sie aber den Ritter in seiner prächtigen Rüstung erblickten, brachen sie in Wehrufe und Klagen aus. «Wehe, unsere Herrin will in ihrer Falschheit diesen Ritter ins Verderben bringen. Wehe, wenn er auf sie hört! Ein trauriges Ende ist ihm gewiß!» Gawan aber ging ruhig durch die Menge zu dem Platz hin, wo das Pferd angebunden stand.

Neben dem Pferd stand ein grauhaariger Ritter mit kunstvoll geflochtenem Bart. Auch er brach in Klagerufe aus, als er Gawan kommen sah. Er beweinte das schwere Schicksal, das Gawan erwartete, wenn er jetzt in den Dienst der harten und launischen Herrin trete. Er flehte ihn an, umzukehren, auf sein Vorhaben zu verzichten und das Pferd angebunden zu lassen.

Aber Gawan weigerte sich, auf seine Warnung zu hören. Da rief der alte Ritter: «O Weh über das, was jetzt geschehen muß! Bleibt nicht länger hier. Laßt das Pferd Euch nachfolgen. Die göttliche Macht, die das Meer salzig gemacht hat, möge Euch in Eurer Not helfen. Hütet Euch wohl, daß die Schönheit unserer Herrin Euch nicht selbst in Schande stürzt, denn sie ist zugleich süß und bitter wie der Sonnenstrahl in einem Hagelschauer.»

«Es geschehe, wie Gott will», sagte Gawan, löste das Pferd, nahm Abschied und kehrte wieder durch die festliche Schar zurück, die aufs neue das Schicksal beklagten, das ihn jetzt erwarte.

Das Pferd folgte ihm ruhig durch das Gartentor, über die Brücke und den schmalen Pfad entlang bis zu dem Platz, wo die Dame seines Herzens auf ihn wartete.

«Willkommen, Dummkopf! Niemand hat größere Einfalt mit sich herumgeschleppt als Ihr. Wollt Ihr wirklich in meinen Dienst treten? Es gibt viele gute Gründe für Euch, es sein zu lassen.»

«Edle Herrin», antwortete Gawan, «wenn Ihr mir jetzt so leicht Eure Verachtung zeigt, so wird mein Lohn um so süßer, wenn Ihr Euch einmal entschließt, ihn mir zu schenken. Erlaubt mir, daß ich Euch aufzusitzen helfe.»

«Darum habe ich Euch nicht gebeten», rief sie, schwang sich geschickt direkt vom Boden in den Sattel und befahl ihm, voranzureiten.

Sie folgten den Windungen des Weges den Berg hinunter und kamen wieder auf die Heide, die voller Blumen war. Unter den Blumen sah Gawan ein Heilkraut. Er saß ab und pflückte das Kraut. Damit verstieß er gegen Sitte und Anstand, denn Blumen zu pflücken war unter der Würde eines

Ritters. Das ließ ihn die Herzogin mit spöttischen Worten auch hören. Ruhig und sachlich wie immer antwortete Gawan: «Auf dem Weg nach Logrois habe ich einen verwundeten Ritter getroffen. Das Kraut wird für seine Wunde ein gutes Heilmittel sein, wenn ich wieder mit ihm zusammentreffe.»

Sie setzten ihren Ritt fort. Nach einer Weile hörten sie hinter sich laute Rufe, und sie wurden von einem seltsamen Reiter eingeholt, der wahrlich abschreckend aussah: Eckzähne sprangen ihm hervor wie die Hauer eines Ebers, und das Gesicht war mehr eine Schnauze. Die Ohren standen ab vom Kopf, die Haare waren wie Igelstacheln, die Stimme heiser.

Dieses abschreckende Geschöpf hieß Malkreatüre, und es wird erzählt, er sei der Bruder der Kundry. Die beiden Geschwister waren einmal vor langer Zeit als Geschenk an König Anfortas gesandt worden. Es war die mächtige Königin Sekundille, Herrscherin über das Land am Ganges, die sie geschickt hatte. König Anfortas wiederum hatte Malkreatüre an die Herzogin Orgeluse weitergeschenkt.

Das Scheusal, das sich Knappe nannte, kam nun mit heftigen Schmähungen auf Gawan zu, denn es war der Meinung, Gawan wolle seine Herrin entführen. Die frechen und großtuerischen Reden wurden doch zu viel für Gawans Ruhe. Mit einem Griff in seine Haare warf er Malkreatüre zu Boden, wo er strampelnd liegenblieb. Aber er hatte sich im Fallen gerächt, denn die scharfen stacheligen Haare hatten Gawan tüchtig an der Hand verletzt.

Orgeluse stieß ein spöttisches Lachen hervor, das aber in Gawans Ohren wie die lieblichste Musik klang. Sie ritten weiter, und Malkreatüres Gaul folgte ihnen. Er hatte Steigbügel aus Bast, Sattel und Saumzeug waren morsch und zerfressen. Malkreatüre hatte diesen Gaul einem Bauern weggenommen, in seinem Eifer, den vermeintlichen Entführer einzuholen.

Als sie wieder an die große Linde herankamen, wo der verwundete Ritter noch lag, saß Gawan ab und legte ihm das Heilkraut auf die Wunde. Auch er warnte wie alle anderen Gawan vor der schönen und trügerischen Herzogin. «Ihre Schuld ist es, daß ich hier liege», sagte er. «Wenn Euch Euer Leben lieb ist, verlaßt sie!» Gawan antwortete nicht viel darauf, und der verwundete Ritter klagte nun, wie krank und elend er sich fühle, daß er aber hoffe zu gesunden, wenn er nur Pflege bekommen könne. Es gäbe ein Kloster in der Nähe, das Kranke aufnähme.

Das Pferd des Ritters war nicht zu sehen. Vielleicht hatte sein Gegner es mitgenommen. Der Ritter bat nun Gawan, seiner Gemahlin zu helfen, auf ihr Pferd aufzusitzen, und dann ihm selbst hinter ihr auf das Pferd zu helfen. Gawan ging freundlich darauf ein. Er ließ sein eigenes Pferd bei dem Ritter stehen und ging um die Linde herum. Die Dame folgte ihm, und er half ihr in den Frauensattel. Aber im selben Augenblick hatte der verwundete Ritter sich auf Gawans Pferd hinaufgeschwungen, und jetzt verschwanden sie beide im Galopp.

Gawan blieb ohne Pferd unter der Linde zurück. Es war das Gralspferd Gringuljete, das er auf diese Weise verlor.

Und wieder hörte man Orgeluses spöttisches Lachen: «Erst hielt ich Euch für einen Ritter, dann zeigtet Ihr Euch als Arzt, und jetzt seid Ihr gar ein simpler Fußknecht geworden. Trachtet Ihr immer noch nach meiner Liebe?»

«Gewiß, Herrin», antwortete Gawan, «könnte ich Eure Liebe gewinnen, so hätte ich keine Wünsche mehr auf dieser Welt. Nennt mich Ritter oder Knecht, Diener oder Bauer, Eure höhnischen Worte fallen nur auf Euch selbst zurück, wenn Ihr meinen Dienst verschmäht. Mit Eurem Hohn schadet Ihr Euch selbst, nicht mir.»

Da kam der verwundete Ritter auf Gawans Pferd zurück und rief aus einiger Entfernung: «Bist du Gawan? Dann habe ich mich jetzt gerächt für die Schmach, die du mir einmal zugefügt hast, als du mich gefangen nahmst und zu König Artus in seine Burg brachtest. Ich wurde verurteilt, vier Wochen lang mit den Hunden zu essen. Das mußt du jetzt büßen!»

«Bist du es, Urians?» antwortete Gawan. «Deine Anklage hat keinen Grund, denn ich habe damals die Gnade des Königs für dich erwirkt. Du hattest die ritterlichen Gesetze übertreten und eine wehrlose Jungfrau entehrt. Deshalb wurdest du aus dem Ritterstande ausgeschlossen und mußtest mit den Hunden essen. Artus hätte dich hängen lassen, aber auf meine Fürbitte durftest du das Leben behalten.»

«Damit sei es, wie es wolle», antwortete Urians, «du kennst sicher das alte Sprichwort: Wem einmal geholfen worden ist, der wird gern der Feind des Helfers. Ich handle danach, wenn ich jetzt dein Pferd behalte.» Und damit spornte er Gringuljete und ritt wieder davon.

Gawan stand also ohne Pferd da. Malkreatüre hatte sie inzwischen zu Fuß eingeholt, und Orgeluse gab ihm in arabischer Sprache Befehl, nach Logrois zurückzukehren und dort gewisse Botschaften von ihr auszurichten. Zu

Gawan sagte sie recht ungnädig: «Worauf wartet Ihr? Wir müssen weiterkommen.»

Gawan holte sich den elenden Gaul, den Malkreatüre zurückgelassen hatte. Es war nicht schwer ihn zu fangen. Als er ihn näher betrachtete, sah er, daß nicht nur Sattel und Zaumzeug und Riemen schlecht waren, sondern das Pferd selbst war alt und kraftlos. Gawan wollte nicht mit einem Sprung aufsitzen, das konnte für den Rücken des Gauls gefährlich werden, und einen Stein oder Baumstumpf, von dem aus er vorsichtig hätte aufsitzen können, gab es nicht in der Nähe. So hatte er keine andere Wahl, als den Schild auf dem Rücken des Gauls festzubinden, seine Lanze in die Hand zu nehmen und Orgeluse zu Fuß zu folgen. Orgeluse verhöhnte ihn: «Ich sehe jetzt, Ihr seid ein wandernder Krämer. Wollt Ihr Handel treiben in meinem Reich? Hütet Euch vor meinen Zöllnern, das ist mein Rat.»

Aber Gawans Liebe zu ihr war so groß, daß er ihre höhnischen Worte gar nicht beachtete. Ihre Stimme klang wie die lieblichste Musik in seinen Ohren. Sobald er sie anschaute, vergaß er allen Spott und nahm gern ihretwegen viele Mühen auf sich. Die Dame seines Herzens ritt, er selbst ging zu Fuß.

Allmählich kamen sie in einen Wald hinein. Dort fand Gawan endlich einen Baumstumpf und führte den Gaul heran, um von ihm aus vorsichtig auf das Pferd aufsitzen zu können. Da es kraftlos und schwach war, kamen sie nur langsam vorwärts. Jetzt erreichten sie eine Wiese, deren sanfte Böschung zu einem breiten, schnell strömenden Fluß hinabführte. Am anderen Ufer des Flusses erhob sich eine hochgelegene, prächtige Burg mit vielen Türmen und Zinnen, so nahe, daß er mit dem bloßen Auge erkennen konnte, daß viele schöne Damen an den Fenstern der Burg saßen.

Die schöne Orgeluse ritt in scharfem Trab die Böschung hinunter zu einer Fähre, die da lag, und ließ das Pferd einen weiten Sprung auf das Deck der Fähre hinauf machen. Sie rief Gawan, der auf seinem elenden Gaul ja nicht so schnell nachkommen konnte, hochmütig zu: «Ihr kommt mir nicht auf die Fähre! Ihr bleibt als Pfand auf dieser Seite des Flusses!»

Betrübt rief er ihr nach: «Herrin, warum habt Ihr es so eilig, mich zu verlassen? Darf ich euch jemals wiedersehen?»

«Jawohl, wenn Ihr Sieger bleibt in dem Kampf, der Euch jetzt bevorsteht», rief sie, «dann erlaube ich Euch, mir wieder vor Augen zu kommen. Aber ich glaube, es wird sehr lange dauern!»

Die Fähre stieß ab vom Ufer, und während Gawan ihr noch nachsah, hörte er Hufschläge hinter sich. Als er sich umdrehte, sah er einen gewaltigen Recken, der aus dem Walde geritten kam. Es war der gefürchtete Lischois Gwellius, einer der tapfersten von Orgeluses Rittern. Es war derselbe, der dem Urians seine tiefe Wunde zugefügt hatte. Er sah bedrohlich aus auf dem schnaubenden Pferd, das in vollem Galopp herankam, aber Gawan wußte, daß ein Pferd, das mit dieser Kraft daherkam, über seinen eigenen schlechten Gaul stolpern und das Gleichgewicht verlieren würde. So geschah es. Beide Pferde stürzten, die Kämpfer landeten auf dem Boden und nahmen nun die Schwerter. Da begann ein gewaltiger Kampf. Die Funken stoben um die Helme, und die Schilde waren bald so zerhauen, daß nicht viel von ihnen übrig war. Der Kampf blieb lange unentschieden. Aber schließlich gelang es Gawan, im Ringkampf den anderen zu Boden zu werfen. Das Schwert hatte Lischois im Fallen verloren, und Gawan stand jetzt über ihm mit dem Knie auf seiner Brust und erhobenem Schwert und verlangte Unterwerfung von ihm. Aber der gewaltige Recke, der sich jetzt zum ersten Mal im Leben überwunden sah, weigerte sich: «Tötet mich», sagte er, «Unterwerfung ertrage ich nicht.»

Aber Gawan dachte bei sich selbst: «Warum soll ich ihn töten? Wenn er sich mir ergäbe, würde ich ihm gern das Leben schenken.» Gawan versuchte nochmals, den Besiegten zu überreden, aber vergebens. «Tötet mich», rief Lischois, «ich unterwerfe mich nicht.»

Gawan aber konnte sich nicht dazu entschließen, diesem tapferen Ritter den Todesstoß zu geben, und so ließ er ihn dort, wo er war und beeilte sich, das Pferd einzufangen, auf dem Lischois geritten hatte. Es trug einen Panzerschutz unter einer kostbaren Satteldecke. Gawan schwang sich in den Sattel, und das Pferd galoppierte in großen Sprüngen über die Wiese. Da erkannte Gawan es wieder. «Bist du es, Gringuljete?» rief er. «Wer hat dir eine so prächtige Satteldecke gegeben?»

Er saß ab und untersuchte das Pferd näher. In die Kruppe war das Gralszeichen eingebrannt, die Turteltaube. Es war wirklich sein Gringuljete. So hatte Lischois wohl noch einmal mit Urians gekämpft und ihm das Pferd weggenommen.

Aber Gawan bekam jetzt wieder beide Hände voll zu tun, denn Lischois kam ihm mit blankem Schwert entgegen, und ein neuer heftiger Kampf begann. Wie beim ersten schauten die Damen zu, die an den Fenstern der

Burg saßen. Endlich gelang es Gawan, ihn zum zweiten Mal zu Boden zu werfen. Wieder stand er über ihm mit gezogenem Schwert und verlangte Unterwerfung. Aber Lischois weigerte sich genau so hartnäckig wie das erste Mal. «Ich habe im Dienst der Herzogin viele Ritter besiegt, und bin niemals überwunden worden. Als Besiegter möchte ich nicht leben, lieber will ich sterben.»

Da dachte Gawan: «Warum sollte ich diesen kühnen und tapferen Helden töten? Er liebt ja die Frau, die ich auch liebe. Sollte ich ihn nicht ihretwegen leben lassen? Wenn das Schicksal sie mir bestimmt hat, so kann er daran nichts ändern.» Und er sagte zu Lischois: «Um der Herzogin willen will ich dich leben lassen.»

Damit stand er auf und ging weit weg von Lischois und setzte sich auf die Wiese, ziemlich nahe am Ufer des Flusses. Sie waren beide sehr müde, nach dem langen, harten Kampf. Ihre Pferde weideten friedlich auf der Wiese.

Von seinem Platz aus sah Gawan jetzt die Fähre, die mit der Herzogin hinübergefahren war, vom anderen Ufer zurückkommen. Sie legte an, der Fährmann stieg ans Land und kam die Böschung hinauf zu Gawan. Es war ein älterer Mann, und er trug einen Sperber auf seiner linken Hand. Er begrüßte Gawan höflich und sagte: «Edler Herr, ich bin der Besitzer dieser Kampfwiese, und ich habe das Recht, das Pferd des besiegten Helden als mein Eigentum zu behalten. Erlaubt mir daher, das Pferd an mich zu nehmen, das vom Ritter Lischois geritten worden ist.»

Gawan antwortete, daß er das unmöglich erlauben könne, weil das Pferd ja sein rechtmäßiges Eigentum sei, das er in dem Zweikampf nur wiedergewonnen hatte. «Nehmt diesen Gaul statt dessen, den ich gezwungen war zu reiten, als mein eigenes Pferd mir heute morgen gestohlen wurde.»

Darauf wollte der Fährmann natürlich nicht eingehen. Er blieb bei seiner Forderung und wies auf sein verbrieftes Recht hin. Schließlich sagte Gawan: «Das Pferd gehört mir, und ich behalte es. Nehmt statt dessen den Ritter.»

Da freute sich der Fährmann: «Herr, das tue ich gern, denn Lischois Gwellius war bis heute der berühmteste Ritter der Welt.» Gawan ging zu Lischois hin und forderte ihn auf, ihm zu folgen. Dieser fügte sich und ging darauf ein, sich dem Fährmann zu überlassen. So kamen sie beide zum Fährmann; der sagte zu Gawan: «Edler Herr, die Sonne sinkt, der Tag geht zu Ende. Wollt Ihr mir nicht die Ehre erweisen, heute Nacht Gast in meinem Haus zu sein.»

«Ich danke Euch», sagte Gawan, «und nehme gern Eure Einladung an, denn ich bin sehr müde und brauche Ruhe. Ich diene einer Dame, die große Opfer und Mühen von dem verlangt, der ihre Liebe gewinnen will.»

«Herr», sagte der Fährmann, «ihr befindet Euch jetzt in Klinschors Reich. Dieses ganze Land gehört ihm, und es ist voll der seltsamsten Dinge. Hier wird Gewinn zu Verlust und Verlust zu Gewinn. Heute traurig, morgen froh, so ist das Gesetz hier, Tag und Nacht, und keine männliche Tapferkeit kann daran etwas ändern.»

Der Fährmann führte jetzt die beiden Ritter und Gringuljete auf die Fähre und brachte sie an das andere Ufer. Dort führte er sie in sein Haus und rief Diener herbei, denen er Lischois übergab. Sein eigener Sohn übernahm die Sorge für Gringuljete. Zu Gawan sagte er: «Edler Herr, mein ganzes Haus mit allem, was darin ist, steht zu Eurer Verfügung.»

Er führte Gawan in einen schönen Saal, dessen Fußboden mit Schilf bestreut war. Seine junge Tochter Bene half Gawan, sich zu entwaffnen, und der Fährmann selbst bediente ihn. Er brachte ihm Wasser, um den Rost von Gesicht und Händen zu waschen. Diener trugen Polster und Kissen, Decken und Teppiche herein und bereiteten ein Ruhelager. Ein Tisch wurde davorgestellt und die Mahlzeit aufgetragen.

Gawan bat, daß ihm jemand während der Mahlzeit Gesellschaft leiste, und der Fährmann gab seiner Tochter diesen Auftrag. Sie nahm schüchtern Platz neben ihm. Gebratene Vögel wurden aufgetischt, die der Sperber geschlagen hatte, und sie legte Gawan gebratenes Fleisch auf einer Scheibe Weißbrot vor. Doch bat sie ihn auch, einen der gebratenen Vögel ihrer Mutter zu überlassen, die sonst nichts zu essen habe, und gern ging Gawan darauf ein. Als die Mahlzeit beendet war und die Diener den Tisch mit allem Zubehör wieder hinausgetragen hatten, wünschte Bene dem Gast eine gute Nacht und zog sich zurück.

Das Bett wurde mit vielen Polstern und Kissen gerichtet. Von Bene erhielt Gawan einen schneeweißen Pelzmantel, der ihm als Zudecke diente. So legte er sich zur Ruhe und schlief bald tief, ohne zu ahnen, welche schweren Prüfungen der neue Tag für ihn bereithielt.

ELFTES BUCH

GAWAN IM SCHLOSSE KLINSCHORS

In der ersten Morgendämmerung erwachte Gawan. Alles war still, aber durch ein offenes Fenster konnte er in den Garten hinaussehen, der das Haus umgab. Dort waren die Vögel schon wach. Er zog sich an und ging hinaus, um ihren Gesang und die frische Morgenluft zu genießen.

Vom Garten aus konnte er wieder die prachtvolle Burg sehen, die er schon am Tag zuvor von der anderen Seite des Flusses erblickt hatte. Zu seinem großen Erstaunen saßen die Frauen immer noch an den Fenstern. «Schlafen sie denn niemals, diese schönen Damen?» fragte er sich verwundert. Bald spürte er, daß er noch müde war. Er ging in sein Schlafgemach zurück, hüllte sich in den weißen Mantel Benes und schlief wieder ein.

Etwas später wurde Bene wach und schlich sich leise zu dem Gast hinauf, um zu sehen, ob sie ihm irgendwie dienen könne. Da sie ihn schlafend fand, setzte sie sich leise auf den Boden vor dem Bett. Als Gawan später am Morgen wach wurde, sah er sie dort sitzen. Er wünschte ihr freundlich einen guten Morgen, und sie fragte schüchtern, ob sie ihm behilflich sein könnte.

«Ja», sagte Gawan, «erzählt mir, wie es sich mit der Burg

verhält, die sich hier über uns erhebt, und mit den schönen Damen, die an den Fenstern sitzen.»

Da erschrak Bene sehr, fing an zu weinen und flehte an, sie ja nicht mehr danach zu fragen. Sie dürfe darüber nichts sagen.

In diesem Augenblick kam ihr Vater zur Tür hinein, um dem Gast einen guten Morgen zu wünschen, und war ganz bestürzt, als er seine Tochter bei Gawan fand, und noch dazu weinend. Er fragte, was denn geschehen sei, und Gawan antwortete: «Nichts Ungebührliches; ich habe Eure Tochter nur nach der Burg gefragt, die sich hier über uns erhebt, und nach den schönen Damen an den Fenstern. Sie sagt, daß sie schweigen müsse. Vielleicht wollt Ihr mir verraten, was es für eine Bewandtnis hat mit der Burg und den Damen. Niemals vorher habe ich so viele, so schöne und so prachtvoll gekleidete Damen gesehen. Leben sie immer hier?»

«Um Gottes willen, edler Herr», sagte der Fährmann, «fragt mich nicht nach diesen Geheimnissen. In der Burg herrscht eine Not, die größer ist als irgend eine andere in der Welt.»

«Wenn dem so ist, dann ist es meine ritterliche Pflicht, diesen Damen zu Hilfe zu kommen. Ich bitte Euch also um eine Antwort auf meine Frage.»

Der Fährmann beschwor ihn nochmals, ihn nicht zu zwingen, die Frage zu beantworten: «Denn wenn Ihr eine Antwort bekommt, müßt Ihr Euch auch in die Gefahren und Prüfungen hineinbegeben, die in dieser Burg warten. Und sie sind so groß, daß sie Euch das Leben kosten können.»

Gawan ließ sich aber nicht Furcht einjagen, sondern wiederholte seine Frage.

«Ach», sagte der Fährmann, «weil Ihr fragt, müßt Ihr auch handeln. Ihr müßt Euch in die Burg begeben. Da will ich Euch meinen Schild leihen, der hier an der Wand hängt. Er ist groß und schwer und sehr stark, er ist nie gebraucht worden, denn ich selber kämpfe nicht, aber Euch wird er eine Hilfe sein. Herr, ich sagte Euch gestern, daß Ihr Euch im Reich Klinschors befindet, es wird Terre marveile genannt. In der Burg da oben, in Schastel marveile, steht das wunderbare Lit marveil. Bis jetzt hat niemand das gefährliche Abenteuer mit Lit marveil bestanden. Wollt Ihr denn wirklich Euren Tod dort suchen? Alle die ritterlichen Kämpfe, die Ihr je ausgefochten habt, wie hart sie auch waren, sind ein Kinderspiel gegen das, was Euch in Schastel marveil erwartet.»

Gawan antwortete: «Da ich nun einmal hierhergekommen bin und

Kunde erhalten habe von der Not dieser Damen, müßte ich mich schämen, einfach vorbeizureiten, ohne einen Versuch zu machen, ihnen zu helfen. Ich habe schon einmal von ihnen gehört. Es war am Hofe des Königs Artus.»

«Wenn Ihr die Kämpfe besteht», sagte der Fährmann, «dann werdet Ihr Herrscher über diese Burg und ihre großen Reichtümer, und Ihr werdet der Herr aller jener Ritter und Knappen, die jetzt dort gefangen gehalten werden. Aber, Herr, ich fürchte sehr, daß Ihr statt dessen den Tod findet. Ich flehe Euch an, verzichtet darauf! Ihr habt schon so große Heldentaten vollführt. Ihr habt den fürchterlichen Lischois Gwellius besiegt. Tapferer als er war nur Ither von Kukumerland und der Ritter, der Ither vor Nantes tötete. Er ritt gestern hier vorbei, ich führte ihn über den Fluß. Er schenkte mir fünf Pferde, die er im Kampf gewonnen hatte. Er war unterwegs, den Gral zu suchen.»

«In welche Richtung ritt er?» fragte Gawan. «Hörte er von den Gefahren in Schastel marveile?»

«Nein, Herr, ich hütete mich wohl, ihm etwas davon zu sagen, und er fragte nicht. Wenn Ihr nicht selbst gefragt hättet, hätte ich Euch nichts gesagt. Hier herrscht ein mächtiger Zauber, und es warten unheimliche Geschehnisse. Wenn Ihr fest entschlossen seid, dies Abenteuer zu prüfen, so wappnet Euch gegen große Gefahren.»

«Gut», rief Gawan, «bringt mir meinen Harnisch!» Der Fährmann brachte die Rüstung, und die liebliche Bene wappnete ihn, während ihr Vater das Pferd holte. Gawans eigener Schild war ja ganz zerhauen nach den Kämpfen mit Lischois, aber er bekam den anderen, der an der Wand des Zimmers hing. Dieser Schild war sehr groß und schwer, fest und haltbar. Er wurde Gawans Rettung.

Als der Fährmann das Pferd brachte, sagte er: «Herr, laßt Euch raten, wie Ihr Euch in den tödlichen Gefahren verhalten müßt: Vor dem Tor der Burg sitzt ein Krämer. Er bietet kostbare Waren an. Kauft ihm irgend etwas ab und laßt Euer Pferd als Pfand für den Kauf. Er wird dann dieses Pferd gut behüten, solange Ihr in der Burg seid.»

«Soll ich denn nicht durch das Burgtor hineinreiten?» fragte Gawan erstaunt. Es war eigentlich unter der Würde eines Ritters, zu Fuß zu gehen, besonders wenn ihm schöne Damen zuschauten.

«Nein, Herr», antwortete der Fährmann, «Ihr müßt zu Fuß gehen. Ihr werdet auch keinem Menschen begegnen, die Damen werden alle verschwunden sein. Hinter dem Tor der Burg erwarten Euch große Gefahren. Geht in den großen Rittersaal hinein. Er wird leer sein, aber Ihr findet dort eine Tür, die in einen anderen Saal führt. Dort steht Lit marveil, und auf diesem Zauberbett müßt Ihr vieles ausstehen. Da möge Gott Euch gnädig sein! Herr, vergeßt es nicht: Legt diesen Schild niemals weg und auch nicht euer Schwert! Wenn Ihr glaubt, daß alles überstanden ist, dann erst kommt die schwerste Prüfung, die größte Gefahr.»

Gawan dankte dem Fährmann und sagte, er würde ihn, wenn er mit dem Leben davonkäme, für seine Dienste reich belohnen. Damit nahm er Abschied und bestieg sein Pferd. Der Fährmann und seine Tochter sahen ihm weinend nach.

Gawan ritt den Hang hinauf zu der prachtvollen Burg, die stark befestigt war, mit Türmen und Zinnen hinter einer hohen Wehrmauer. Sie hätte wohl dreißig Jahre lang den Feinden standhalten können. Die Bauten bildeten ein Viereck, das den Burghof umschloß. Das stattlichste Gebäude war der Palas, der große Rittersaal. Daran schloß sich ein Gebäude mit Wohnräumen und Schlafräumen an. Dann waren da andere Gebäude für Küche und Vorräte, auch Ställe und Scheunen. An den vier Ecken ragten kräftige Türme.

Als Gawan das Burgtor erreichte, fand er den Krämer. In einem geräumigen Zelt aus Samt hatte er seltene und kostbare Waren auf dem Tisch vor sich ausgebreitet. So kostbar waren diese Waren, daß nicht einmal der Baruch von Bagdad sie für alle seine Reichtümer hätte kaufen können.

Gawan saß ab, grüßte freundlich und bat den Krämer, ihm einige Spangen und Gürtel zu zeigen. Der Krämer antwortete: «So viele Jahre sitze ich jetzt hier, und noch nie hat jemand außer den gefangenen Damen verlangt, meine Ware zu sehen. Wenn Ihr siegt in dem Kampf, der Euch jetzt bevorsteht, so werden diese ganze Burg mit allem, was darin ist, und auch alle diese Waren Euer Eigentum werden. Laßt Euer Pferd hier bei mir, ich werde es so lange gut versorgen, wenn Ihr es mir anvertrauen wollt.»

Gawan dankte und überreichte ihm die Zügel mit einigen freundlichen Worten. Solange er dieses Pferd reite, habe es noch nie einen so reichen Stallknecht gehabt. Dann ging er zu Fuß durch das Tor.

Der Burghof war mit kurzem dichtem Gras bewachsen. Kein Mensch war zu sehen, alles war still. Gawan ging zum Palas hin, öffnete die Tür und trat ein. Es war ein stattlicher Rittersaal mit hohen Fenstern, Säulen trugen die hochgewölbte Decke. In den Fensternischen standen viele Ruhebänke in ungeordneten Gruppen. Da hatten die Frauen gesessen, die Gawan am vorangehenden Tage und am frühen Morgen gesehen hatte. Jetzt waren sie alle verschwunden.

Hinten im Saal stand eine Tür offen. Gawan trat durch diese Tür hindurch und kam in einen anderen Saal. Er war ganz leer, es gab dort keine Möbel. Der Fußboden, spiegelblank und glatt wie Glas, war aus geschliffenen Edelsteinen zusammengesetzt. Dort stand nur das Lit marveil, das Wunderbett. Es hatte vier Räder aus leuchtenden Rubinen.

Der blanke, glänzende Fußboden war so glatt, daß es fast unmöglich war, darauf zu gehen, ohne auszurutschen. Gawan machte einige vorsichtige Schritte auf das Bett zu, aber da rollte es wie von Zauberhand bewegt fort und blieb ein Stück weiter wieder stehen. Gawan folgte nach, aber das Bett rollte wieder weg. Schließlich wurde es Gawan zu dumm, er machte einen gewaltigen Sprung, als das Bett gerade in der Nähe war, und warf sich mitten darauf.

Kaum war ihm dies gelungen, so fing das Bett an, im Saal mit Windeseile hin und her zu fahren. Dies geschah unter großem Krach und Getöse, denn es stieß mit gewaltiger Kraft immer wieder an die Wände des Saales, so daß die ganze Burg erdröhnte. Gawan konnte nichts tun. Er hielt sich an dem Bett fest, deckte den Schild über sich und gab sein Leben in Gottes Hand.

Schließlich blieb das Bett mitten im Saal stehen, aber als Gawan sich aufrichten wollte, kam ein Regen von schweren runden Kieselsteinen aus allen Richtungen und prasselte auf Gawan herunter. Daß Gawan unter diesem Steinhagel am Leben blieb, verdankte er nur dem Schild des Fährmanns, mit dem er sich deckte. Dieser war stark genug, um ihn gegen die Steine zu schützen.

Als der Steinregen endlich aufhörte, und Gawan Luft schöpfen wollte, kam ein Schwarm von sausenden Pfeilen, wie aus fünfhundert Armbrüsten, aus allen Richtungen und alle gleichzeitig. Viele blieben im Schild stecken, aber einige hatten Kraft genug, durch den Schild und durch Gawans Panzerhemd zu dringen und steckenzubleiben.

Gawan überstand auch diese Prüfung, wenn auch mit einigen Wunden. Aber ehe er sich aufrichten konnte, wurde eine Tür geöffnet, und es kam ein schreckenerregender Kerl herein. Er war ganz und gar in Fischhaut gekleidet und in der Hand hielt er eine Keule, deren Ende war dicker als ein Wasserkrug.

Drohend ging er auf Gawan zu, aber als dieser ohne Furcht zu seinem

Schwert griff, brüllte er wütend: «Ihr könnt mich nicht einschüchtern. Mit des Teufels Hilfe habt Ihr überlebt, aber jetzt werdet Ihr gleich den Tod schmecken!» Damit machte er kehrt und ging wieder zur Tür hinaus.

Schnell schlug Gawan jetzt mit dem Schwert die Schäfte der Pfeile ab, die in dem Schild stecken geblieben waren. Da hörte er schon ein entsetzliches Grollen, wie wenn zwanzig Trommeln geschlagen würden. Durch die Tür, die der Kerl offengelassen hatte, kam in weiten Sprüngen ein Löwe, groß und stark wie ein Pferd. Gawan konnte gerade noch von dem Bett herunterspringen und den Schild vor sich halten, da warf sich das ausgehungerte Raubtier über ihn. So gewaltig war der Schlag, daß die eine Tatze in dem Schild hängenblieb und Gawan schlug sie mit dem Schwert ab. Rasend vor Wut und Schmerz griff der Löwe weiter an, aber Gawan schützte sich mit dem großen Schild und verteidigte sich mit dem Schwert. Schließlich gelang es ihm, dem Löwen das Schwert bis ans Heft in die Brust zu stoßen, und das gewaltige Tier sank leblos zu Boden, der von Blut überströmt war.

Gawans Kräfte waren jetzt ganz erschöpft. Das Schwert glitt ihm aus der Hand, und er sank bewußtlos zu Boden. Er fiel auf den Schild und sein Kopf lag auf dem toten Leib des Löwen. Nach dem rasenden Kampf trat jetzt eine tiefe Stille ein. Kein Laut war zu hören.

Nach einiger Zeit wurde ein Fenster in der Decke vorsichtig geöffnet, und eine Jungfrau warf einen furchtsamen Blick in den Saal hinunter. Als sie beide, Gawan und den Löwen, unbeweglich daliegen sah, machte sie das Fenster wieder zu und eilte voll Angst zu ihrer Herrin, der alten und weisen Königin Arnive. Sie war die älteste und die vornehmste von den vier gefangenen Königinnen, und ihr berichtete nun die Jungfrau, was sie gesehen hatte. Arnive befahl zwei ihrer Hofdamen, in den Saal hinunterzugehen und herauszufinden, ob der Ritter noch am Leben sei.

Sei eilten davon und schlichen sich in den Saal. Der Löwe war tot, das sah man sofort, aber wie stand es um den Ritter? Vorsichtig nahmen sie ihm den Helm ab. Die eine Jungfrau zupfte ein paar Haare aus einem Zobelstreifen am Waffenrock und hielt sie vor seine Nase. Sie bewegten sich leicht, er atmete also noch.

Die andere holte eilig einen Becher mit Wasser, und zusammen gelang es ihnen jetzt, ihm vorsichtig etwas Wasser einzuflößen. Da kam ihm das Bewußtsein wieder, seine Augen öffneten sich. Als er die Jungfrauen sah, entschuldigte er sich, höflich wie immer, daß sie ihn so elend hier gefunden hätten, und bat sie, es niemandem zu erzählen. Sie antworteten: «Edler Herr, so wie Ihr hier liegt, habt Ihr solchen Ruhm gewonnen, daß er bis an Euer Lebensende nicht verblassen wird. Aber sagt uns zuerst, wie es Euch geht. Seid Ihr schwer verwundet?»

«Wenn Ihr mir helfen wollt, so schickt jemanden, der sich darauf verstehte, meine Wunden zu verbinden. Aber wenn es so ist, daß ich weiter zu kämpfen habe, so gebt mir den Helm und laßt mich allein. Ich werde mich schon verteidigen.»

Sie antworteten: «Herr, Euer Kampf ist beendet, Ihr habt den höchsten Sieg errungen. Eine von uns bleibt hier bei Euch, die andere eilt zu den Königinnen mit der frohen Kunde, daß Ihr lebt. Unsere Herrin wird dafür sorgen, daß Ihr Hilfe und Pflege bekommt und Arzneien und Salben für Eure Wunden.»

Es erhob sich nun ein unbeschreiblicher Jubel in der verzauberten Burg, als die Nachricht sich verbreitete, daß der Ritter lebe. Arnive ordnete an, daß zwei weitere Jungfrauen mit zarter Hand ihm behilflich sein sollten, ihn zu entwappnen. Dann wollte Königin Arnive ihn selbst empfangen und seine Wunden verbinden. Wenn er imstande wäre, mit ihrer Hilfe zu gehen, sollten sie ihn gehen lassen, andernfalls sollten sie ihn tragen.

Alles geschah, wie es die Königin angegeben hatte. Auf zwei Jungfrauen gestützt kam Gawan in das Gemach, wo die Königin ihn erwartete mit gewärmtem Wein, mit Salben und Verbandszeug. Ein bequemes Bett stand vor dem Kamin, in dem ein helles Feuer flammte. Die Königin verband seine Wunden und Quetschungen mit geschickten Händen. Es waren viele Wunden von den Pfeilspitzen, aber sie waren nicht tief, auch die Beulen von dem Steinregen, der den Helm getroffen und ihn ganz verbeult hatte, waren nicht besonders schwer. «Ich werde Eure Schmerzen schnell lindern«, sprach Arnive, «denn diese Salbe ist von Munsalväsche. Kundry hat sie gebracht, und sie hat sogar dem König Anfortas in seinem schweren Leiden Linderung bereitet.»

Gawan freute sich, als er dies hörte, denn das mußte ja bedeuten, daß die Gralsburg nicht allzuweit entfernt sei.

Gawans Kräfte waren nach all den Kämpfen und Anstrengungen ganz erschöpft, und er war dankbar, sich nun auf dem Bett ausstrecken zu dürfen. «Edle Herrin, Ihr habt meinem Herzen die Besinnung wiedergegeben, meine Schmerzen sind gelindert, ich bin Euch zu großem Dank verpflichtet.»

Sie antwortete: «Herr, im Gegenteil, wir alle, die wir hier in Schastel marveile Gefangene sind, verdanken Euch ein neues Leben. Ihr seid unser Retter und Befreier, und wir werden alles tun, um Euch zu danken. Aber jetzt müßt Ihr erst ruhen, daß Ihr wieder zu Kräften kommt». Mit diesen Worten legte sie ihm ein einschläferndes Kraut in den Mund, und er schlief sofort ein.

In der Burg herrschte lautlose Stille. Die Königin Arnive hatte strengen Befehl gegeben, daß nichts den Schlaf ihres Retters stören dürfe, und so mußten die neugierigen Frauen sehr leise ein und aus gehen. Gegen Abend betrat Arnive wieder das Gemach und nahm ihm das Kraut aus dem Mund. Gawan erwachte und fühlte sich erquickt.

Sie gab Befehl, ihm nun ein reiches Mahl zu bringen. Viele schöne Damen bedienten ihn und blieben höflich stehen. Gawan, stets rücksichtsvoll, lud sie ein, sich zu setzen, aber sie antworteten: «Edler Herr, Ihr seid unser Befreier und unsere höchste Freude. Es ist recht und billig, daß wir Euch dienen.»

Mit Wohlgefallen sah Gawan von einer zur anderen. Sie waren hold und lieblich, aber niemand schien ihm so schön wie die Herzogin Orgeluse, und nun erwachte die Sehnsucht nach ihr mit voller Kraft in seinem Herzen. Als er sein Mahl beendet hatte, dankte er ihnen für ihre Dienste, und sie entfernten sich. Gawan legte sich wieder zum Schlafen nieder.

ZWÖLFTES BUCH

GAWAN UND GRAMOFLANS

Gawan schlief, aber sein Schlaf war nicht so tief wie vorher. Die Sehnsucht nach der schönen stolzen Frau, der er am Tage vorher begegnet war, erfüllte seinen Schlummer mit unruhigen Träumen, und er warf sich hin und her im Bett, so daß einige der Wunden wieder zu bluten anfingen. Im Morgengrauen verblaßte allmählich der Schein der Kerzen, die um sein Lager standen, und Gawan erwachte. Am Fußende des Bettes hatte jemand Kleider bereitgelegt, Hemd und Hosen aus Wollstoff und einen Mantel aus Marderpelz.

Als Gawan sich angezogen hatte, beschloß er, sich in der Burg umzusehen. Er ging durch viele Säle und Gemächer, ohne einen Menschen zu finden. Endlich kam er zu dem großen Rittersaal. Auch dieser war leer. Eine Tür führte in einen Eckturm, in dem eine Wendeltreppe hochging. Gawan kam in eine Turmkammer mit freier Sicht nach allen Seiten. Die hohen Fenster waren von kostbaren Edelsteinen eingefaßt, von Diamanten, Topasen, Smaragden, Rubinen und Chrysolithen.

Es war ein prachtvoller Anblick, aber er wurde doch überglänzt von einer wunderbaren Säule, die in der Mitte der Kammer stand. Sie war hoch und ebenfalls aus kostbaren

Edelsteinen zusammengefügt. Als Gawan sie näher betrachtete, sah er zu seinem Erstaunen, daß die blanke Fläche spiegelnd war. Ihm schien, als sähe er auf der Oberfläche der Säule das ganze Land, Äcker und Wälder, Berge und Flüsse, aber auch Menschen, die sich in dieser Landschaft bewegten. Aber auch weiter entfernte Länder schienen sich zu spiegeln, und wenn man eine Weile die Bilder betrachtet hatte, wie sie sich auf der Säule bewegten, so war es, als ob die ganze Landschaft sich um die Kammer herum drehte.

Gawan setzte sich auf eine Fensterbank, um in aller Ruhe dieses Wunderwerk näher zu ergründen. Da kam die Königin Arnive die Treppe herauf, von ihrer Tochter und ihren beiden Enkelinnen begleitet. Gawan erhob sich höflich, als sie in die Kammer eintraten, und grüßte sie ehrerbietig. Die alte Königin bedauerte, daß er schon so früh auf sei: «Herr, Ihr solltet eigentlich noch ruhen, um neue Kräfte zu sammeln und um die Wunden weiter heilen zu lassen!»

«Edle Herrin», antwortete Gawan, «Eure Heilkunst hat mir Kraft und Besinnung wiedergegeben. Ich bin bereit zu ritterlichem Dienst, solange mir das Leben vergönnt ist.»

Die Königin ermunterte jetzt Gawan, die schönen Frauen, die sie begleiteten, mit einem Kuß zu begrüßen. «Sie sind edler Herkunft und dieser Ehre würdig», sagte sie. Gawan tat es, aber obwohl sie hold und lieblich waren, kamen sie ihm doch wie ein grauer Oktobertag vor im Vergleich zu dem strahlenden Bild der schönen Herzogin, das er in seinem Herzen trug.

Nachdem alle Platz genommen hatten, bat Gawan die weise Königin, ihm das Geheimnis der wunderbaren Säule zu offenbaren. Sie erzählte ihm dieses: «Herr, so lange ich mich erinnern kann, ist diese Säule im Umkreis von sechs Meilen Tag und Nacht leuchtend sichtbar, und alles, was sich in diesem Umkreis befindet, wird in ihr gespiegelt. Die Steine, aus denen die Säule zusammengefügt ist, sind so glatt und hart, daß kein Werkzeug den geringsten Kratzer darauf machen kann.»

Jetzt sah Gawan in der Zaubersäule, wie eine Dame mit einem gerüsteten Ritter über die Wiese des Fährmanns geritten kam, wo er zwei Tage vorher mit dem Ritter Lischois Gwellius gekämpft hatte. Der Ritter trug seine Lanze aufrecht und herausfordernd. Als sie etwas näher gekommen waren, erkannte Gawan die schöne Herzogin, und Eifersucht regte sich in seinem Herzen. Er drehte sich um und hatte er noch an ein Trugbild der Säule geglaubt, so sah er sie jetzt unbezweifelbar durch das Fenster. Er wandte sich zu Königin Arnive: «Herrin, da draußen kommt ein Ritter, der sucht Kampf. Was er sucht, soll er finden. Ich will ihm mit gefällter Lanze begegnen!»

Die Königin versuchte, ihn von diesem Vorhaben abzuhalten. Sie beschwor ihn, seine Wunden seien nicht genügend geheilt für einen Kampf, er müsse sich noch schonen. Aber vergebens. «Edle Herrin», sagte Gawan, «Ihr habt mir gesagt, daß ich jetzt der Herr bin auf dieser Burg. Wenn ein Ritter so nahe herankommt und zum Kampf herausfordert, dann muß ich meinen Harnisch haben. Das gebietet meine Ehre!»

Unten wurde Gawan ganz im Geheimen gewappnet. In der schweren Rüstung spürte er wohl, daß seine Wunden noch nicht geheilt waren. Es machte ihm Mühe, sich zu bewegen, und der Schild kam ihm sehr schwer vor. Er saß auf und ritt hinunter zur Anlegestelle. Dort bekam er vom Fährmann eine neue Lanze, denn seine war ihm im Kampf mit Lischois zerbrochen. Der Fährmann setzte Gawan über den Fluß, und als er am anderen Ufer ans Land ritt, kam ihm schon der fremde Ritter im Galopp entgegen. Beim ersten Zusammenstoß zielten beide nach dem Kopf des anderen, aber Gawans Stoß war so gut gezielt und kräftig, daß er die Helmriemen des anderen zerschnitt und der Helm an Gawans Lanze hängenblieb. Sein Gegner verlor das Gleichgewicht und stürzte zu Boden. Gawans Gringuljete galoppierte weiter, und an der hochaufgerichteten Lanze saß der Helm des Gegners.

Damit war der Kampf beendet, denn kein Ritter konnte ohne Helm kämpfen. Als Gawan sein Pferd gewendet hatte und zurückkam, bekam er auch die Unterwerfung, die er von dem Fremden verlangte.

Die schöne Herzogin, die ein Stück weiter weg auf der Kampfwiese geblieben war, solange der Kampf dauerte, kam jetzt herangeritten und redete Gawan genau so stolz und spöttisch wie immer an: «Jetzt kommt Ihr euch wohl wie ein rechter Held vor, da die Löwentatze an Eurem Schilde sitzt! Glaubt Ihr etwa, Ihr habt Ruhm erlangt, weil Ihr im Anblick schöner Damen gekämpft habt? Oder seid Ihr auf diesen Schild stolz, weil er ein paar Löcher hat? Jetzt habt Ihr wohl einen Grund, zu den Damen da oben zurückzukehren und Euch hätscheln zu lassen! Es ist wohl ausgeschlossen, daß Ihr Euch auf den Kampf einlassen könnt, zu dem ich Euch führen muß, wenn Ihr wirklich um meine Minne dienen wollt.»

«Herrin», sagte Gawan, «Euer Anblick ist das beste Heilmittel für meine

Wunden. Wenn Ihr meinen Dienst annehmen wollt, so ist mir keine Gefahr groß genug, daß sie mich hindern könnte, Euch zu dienen.»

«Gut», sagte sie, «so will ich Euch erlauben, in meiner Gesellschaft neuen ehrenvollen Kämpfen entgegenzureiten.» Und Gawans Herz war voller Freude darüber.

Von den Fenstern des Rittersaales hatten viele schöne Frauen den Kampf zwischen Gawan und dem fremden Ritter mitangesehen, und viele schöne Augen füllten sich mit Tränen, als sie jetzt Gawan an der Seite der Herzogin wegreiten sahen. Die alte Königin Arnive sagte: «Unser Retter hat eine Erquickung für seine Augen, aber einen Dorn für sein Herz gewählt. O weh, jetzt führt ihn die Herzogin Orgeluse zur Gefährlichen Schlucht. Das ist nicht gut für seine Wunden.»

Aber da Gawan an der Seite der schönen Herzogin dahinritt, spürte er weder Schmerzen noch Müdigkeit, nur eine tiefe, glückselige Freude darüber, daß er in der Nähe der Geliebten sein durfte. Sie ritten auf einem breiten, bequemen Weg, und Orgeluse sprach zu Gawan: «Ich verlange von Euch, daß Ihr mir den Kranz aus dem Zweig eines Baumes holt, der jenseits der Gefährlichen Schlucht wächst. Gelingt Euch dies, dann dürft Ihr um meine Liebe werben.»

Gawan antwortete: «Herrin, wo auch jener Kranz hängen möge, der mir eine solche Glückseligkeit verspricht – ich werde ihn holen, wenn der Tod mich nicht hindert.»

Der Weg führte durch einen hellen Jungwald von südländischen Bäumen. Das sei Klinschors Wald, sagte die Herzogin. Als der Wald aufhörte, lag vor ihnen eine Ebene, von einem heftig brausenden Fluß durchflossen. Das Flußbett hatte sich tief in die Erde hineingegraben, und der Fluß hatte steile Ufer. Auf der anderen Seite dieses Flusses sah man einen Baum mit langen, herabhängenden Zweigen, die golden-grün leuchteten.

Die schöne Orgeluse sagte: «Dieser Baum da drüben wird von einem Manne bewacht, der mir meine ganze Lebensfreude geraubt hat. Wenn Ihr mir den Kranz von ihm bringt, dann habt Ihr den höchsten Preis im Minnedienst gewonnen. Ich warte hier. Gott behüte Euch! Spornt Euer Pferd zum Sprung über die wilde Schlucht!»

Gawan nahm Anlauf und spornte Gringuljete zu einem gewaltigen Sprung. Er gelang fast. Das Pferd kam mit den Vorderhufen auf festen Boden, aber die Hinterhufe fanden keinen Halt, das Tier rutschte den steilen

Abhang hinunter und stürzte in die brausenden Fluten. Die Herzogin brach in Tränen aus, als sie dies sah. Gawan gelang es, den Ast eines Baumes zu ergreifen, der nahe am Ufer wuchs. Mit großer Kraft zog er sich empor, erwischte auch noch die Lanze und kletterte dann ans Ufer um Gringuljete zu retten.

Das Pferd war vom Fluß ein Stück weit hinabgerissen worden, mit dem Kopf mal unter, mal über Wasser. Von dem schmalen Uferstreifen aus und in der schweren Rüstung hatte Gawan große Mühe, das Pferd zu erreichen. Es wäre wohl kaum gelungen, wenn nicht ein Stück flußabwärts eine kleine Bucht mit ruhigerem Wasser gewesen wäre. Gawan leitete Gringuljete mit der Lanze dorthin, von wo aus sie beide die steile Böschung hinaufkletterten und festen Boden erreichten.

Gringuljete schüttelte sich, daß das Wasser spritzte. Gawan spannte den Sattelgurt fester, nahm Schild und Speer und saß wieder auf. Das Abenteuer, so schien es, war gelungen und das übrige nur noch leichtes Spiel. Gawan ritt zu dem Baum des Kranzes hin, brach einen langen, geschmeidigen Zweig und wand ihn wie einen Kranz um seinen Helm.

Da kam ein Ritter über die Ebene an den Baum herangesprengt. Es war ein Mann in seinen besten Jahren, unbewaffnet, der einen Hut mit Pfauenfedern und einen grünen samtenen Mantel trug. Ein Sperber saß auf seiner linken Hand.

Er ritt auf Gawan zu, grüßte ihn und sagte: «Herr, dieser Kranz, den Ihr Euch da um den Helm gelegt habt, auf den habe ich noch nicht verzichtet. Wenn Ihr zu zweit gewesen wärt, dann hätte ich Euch gar keinen Gruß entboten, sondern gleich den Kampf angefangen. Aber ich kämpfe nie mit einem einzelnen Gegner.

Ich sehe an Eurem Schild, daß Ihr das gefährliche Abenteuer in Schastel marveile überstanden habt. Das hätte ich selbst tun wollen, aber Klinschor ist mein Nachbar, er hat sich immer bemüht, mit mir in Frieden zu leben. Auch habe ich schon eine mächtige Feindin in der schönen Herzogin von Logrois. Sie haßt mich, weil ich ihren edlen Gemahl Cidegast in ritterlichem Kampfe getötet habe. Ich versuchte sie zu versöhnen mit dem Angebot, meine Gemahlin zu werden und damit Königin über mein Land, aber vergebens. Sie war unversöhnlich.

Ich weiß, daß Ihr in ihrem Dienst und um ihrer Liebe willen den Kranz geholt habt. Sie hofft, daß ich den, der vom Kranzbaum einen Zweig bricht, zum Kampfe herausfordere und daß sie durch Euch die Rache erreicht, die sie mir geschworen hat. Aber ich diene einer anderen Frau. Zur Ehre meiner Geliebten habe ich viele Kämpfe mit zwei Gegnern auf einmal ausgefochten und habe viele Siege errungen. Meine Geliebte ist die schöne Itonje, Tochter des Königs Lot aus Norwegen. Wir haben uns noch nie von Angesicht gesehen, aber wir haben einander viele Liebeszeichen geschickt. Dieser Sperber hier auf meiner Hand und der Hut auf meinem Kopf sind Geschenke von ihr.

Herr, Ihr seid jetzt Herrscher von Schastel marveile und werdet dorthin zurückkehren. Ich bitte Euch, nehmt diesen Ring mit für meine Geliebte, denn sie ist unter den gefangenen Damen auf Schastel marveile.»

«Das will ich gerne tun», sagte Gawan, «aber sagt mir erst, warum Ihr nicht mit mir kämpfen wollt. Ich bin ein kampfgewohnter und tapferer Ritter.»

»Ich bin Gramoflanz», antwortete der andere, «Sohn des Königs Irot, der von König Lot tückisch getötet wurde, als sie sich begrüßten. Lot ist jetzt gestorben, aber um meinen Vater zu rächen, wäre ich bereit, mit seinem Sohn Gawan allein zu kämpfen, wo immer ich ihm begegnen würde.»

«Dies ist wahrhaftig seltsam», rief Gawan, «Ihr liebt die Tochter eines Mannes, den Ihr beschuldigt, Euren Vater trügerisch gemordet zu haben, und Ihr wollt an ihrem Bruder Rache nehmen. Wenn Ihr mit Itonje den Liebesbund geschlossen habt, so müßte diese Liebe Euch andere Gedanken über ihren Vater eingeben. Herr, ich bin Gawan. Nehmt jetzt Rache für das, was Ihr meinem Vater zur Last legt. Ich bürge mit meinem Leben für seine Ehre.»

«Seid Ihr Gawan?» sagte Gramoflanz überrascht. «Dann will ich Euch die Ehre erweisen, mit Euch alleine zu kämpfen, um meinen Vater zu rächen. Auf der anderen Seite dieses Flusses dehnt sich die Ebene von Joflanze. Sie ist weit und hat Platz für Zeltlager und für ein Turnierfeld mit vielen Zuschauern. Dorthin will ich mit meinem ganzen Hofe und den vornehmsten meiner Verwandten, mit meinen Rittern und meinem Heere kommen. Ihr aber solltet dahin alle Damen und Ritter mitbringen, die in Schastel marveile gefangen gewesen sind. Ihr solltet auch Eurem Oheim Artus einen Boten senden und ihn einladen, mit seinem ganzen Hof zu diesem Zweikampf zu kommen. Auch die Herzogin von Logrois wird wohl mit den Ihrigen eintreffen. Die Vorbereitungen werden Zeit erfordern. Laßt uns als Zeitpunkt sechzehn Tage von heute an verabreden.»

Dieser Vorschlag dünkte Gawan gut, und sie bestätigten ihre Übereinkunft mit einem feierlichen Handschlag, und damit trennten sich die beiden Ritter.

Mit dem Kranz um den Helm und mit Freude im Herzen ritt Gawan spornstreichs dorthin, wo ein Sprung über die wilde Schlucht gelingen könnte. Diesmal gelang der Sprung. Gringuljete landete mit Vorder- und Hinterhufen auf festem Boden, und Gawan saß ab, um den Sattelgurt wieder festzuziehen. Da kam Orgeluse, die Stolze glitt vom Pferd und warf sich ihm zu Füßen: «Herr, wie war ich eines so gefährlichen Unternehmens würdig, wie ich es jetzt von Euch verlangt habe. Wahrhaftig, die Gefahr und Mühe, die Ihr meinetwegen durchgemacht habt, brachte mir die ganze Herzensnot, die eine treue Frau für den Geliebten fühlen kann.»

«Herrin», sagte Gawan, indem er ihr half, wieder aufzustehen, «wenn diese Worte aufrichtig und ohne Hintergedanken sind, so ehren sie Euch. Bisher habt Ihr mich nicht so behandelt, wie es ein Ritter von einer Dame erwarten kann. Wer mich im Kampf gesehen hat, muß zugeben, daß ich immer danach gestrebt habe, ein rechter Ritter zu sein. Ihr habt Euch manchmal anders geäußert. Aber jetzt genug davon. Hier ist der Kranz, den ich für Euch geholt habe. Eure Schönheit gibt Euch kein Recht, einem Ritter solche Schmach anzutun. Sonst würde ich lieber auf Eure Minne verzichten.»

Weinend antwortete die schöne und mächtige Frau: «Herr, wenn ich Euch die Not anvertraue, die in meinem Herzen wohnt, so werdet Ihr zugeben müssen, daß mein Leiden noch größer ist. Wenn ich jemand mit meinem Spott gekränkt habe, so möge er großmütig genug sein, mir zu vergeben. Einen größeren Verlust als den, den ich erlitt, als ich den edlen Cidegast verlor, kann mich doch nie treffen. So hell strahlte sein Ruhm, daß alle ihn als den Vornehmsten anerkennen mußten. Er war ein Vorbild an Tapferkeit in seiner hoffnungsfrohen Jugend. Das Böse hatte nicht teil an ihm.

Wenn ich Euch verspottet und gekränkt habe, so war es, weil ich prüfen wollte, ob Ihr meiner Liebe wert sein könntet. Zeigt mir jetzt die Güte, Euren Zorn zu vergessen und mir zu verzeihen. Ihr seid wirklich der Tapferste; so wie das Gold im Feuer geläutert wird, so ist Euer Wesen frei von Schlacken. Der Mann, dem Ihr beim Kranzbaum begegnet seid, er ist es, der das große Unglück meines Lebens verschuldet hat. Er ist mein bitterster Feind.»

«Ich habe ihm mein Wort gegeben, ihm bald im Zweikampf zu begegnen», antwortete Gawan, «Herrin, ich habe Euch verziehen.»

Orgeluse schaute ihn liebevoll an. «Bald schlägt die Stunde, wo Ihr den Minnelohn erhalten sollt. Ich will jetzt mit Euch nach Schastel marveile reiten.»

«Damit bereitet Ihr mir eine große Freude«, sagte Gawan und hob die schöne Frau auf ihr Pferd, nicht ohne sie von Herzen an sich zu drücken.

Sie ritten nun nebeneinander denselben Weg zurück, den sie gekommen waren. Gawans Herz war voller Freude, aber zu seiner Bestürzung fing die schöne Frau zu weinen an. Der Schmerz, den sie viele Jahre hinter hochmütigem Benehmen versteckt hatte, brach nun hervor, und sie erzählte Gawan nun von ihrem Lebensschicksal.

«In früher Jugend bin ich mit Cidegast, dem strahlenden Helden, vermählt worden, und als er kurze Zeit darauf im Zweikampf mit Gramoflanz fiel, fand mein Herz keinen Trost. All die Jahre habe ich nur dafür gelebt, seinen Tod zu rächen. Unter den vielen Fürsten und Rittern, die ich zum Kampf gegen Gramoflanz aufrufen konnte, war auch König Anfortas. In meinem Dienst bekam er seine furchtbare, unheilbare Wunde, und dieser Kummer zerbrach fast mein Herz. Große Hoffnungen setzte ich auf jenen Ritter, der durch mein Reich zog und meine Ritter zum Kampf herausforderte. Sie sind von ihm besiegt worden, einer nach dem anderen. Schließlich bin ich ihm nachgeritten und habe ihm Hand und Herzogtum angetragen, denn ich hoffte, in ihm den Gemahl gefunden zu haben, der mein Unglück rächen könnte.

Aber, o Schande, er hat mich abgewiesen. Er hätte schon eine Gemahlin, sagte er, und ihr wolle er immer die Treue halten. Er sagte auch, daß sein Name Parzival sei. Fünf meiner tapfersten Fürsten besiegte er auf der Kampfeswiese des Fährmannes, einen nach dem anderen, und schenkte dem Fährmann ihre Pferde.»

«Diesen Ritter kenne ich gut», sagte Gawan. «Er ist so edel und tapfer, daß Euer Ansehen nicht gesunken wäre, wenn er Eure Minne angenommen hätte.»

Nun waren sie auf dem Rückweg so weit gekommen, daß sie Schastel marveile sehen konnten, und Gawan sagte: «Herrin, tut mir den Gefallen, niemandem im Schloß meinen Namen zu verraten. Ihr habt ihn ja damals von Urian gehört.» Und sie ging gern auf diesen Wunsch ein.

Die gefangenen Ritter in Schastel marveile, die man vorher gar nicht gesehen hatte, kamen jetzt mit fröhlichem Lärm aus dem Schloß herausgeströmt, um ihren Herrn und Befreier willkommen zu heißen.

Inzwischen war auch beim Anlegeplatz der Fährmann zur Stelle, mit Bene, seiner schönen Tochter. Sie nahm die Pferde beim Zaum und bat Gawan und die Herzogin, abzusitzen. An Bord der Fähre war ein Ruheplatz mit bequemen Kissen bereitet, und der Fährmann lud sie ein, sich dort zu setzen. Bene half Gawan, sich zu entwappnen und legte ihm einen weißen Hermelin-Mantel über die Schultern. Jetzt sah die Herzogin zum ersten Mal Gawans Gesicht ohne Helm, sie hatten großen Gefallen aneinander, und sie versanken eines in den Anblick des anderen. Gawan reichte der Herzogin einen gläsernen Pokal mit Wein und trank dann selbst, und seine Lippen berührten genau die Stelle, von der ihre Lippen eben getrunken hatten. Währenddessen führten die Ritter auf der anderen Seite des Flusses zu Gawans Ehren kunstreiche Kampfspiele vor; an den Fenstern der Burg saßen alle schönen Damen als freudige Zuschauer.

Der Fährmann führte sie jetzt über den Fluß an das andere Ufer. Gawan half seiner Geliebten auf ihr Pferd und sie ritten zur Burg hinauf, begleitet von der ganzen Ritterschar. Im Rittersaal wurden sie von den vier Königinnen und ihren Damen feierlich und froh empfangen. Aller Augen strahlten vor Freude. Die heilkundige Königin Arnive nahm Gawan mit sich und sorgte dafür, daß seine Wunden nachgesehen und neu verbunden wurden.

Dann erbat sich Gawan einen zuverlässigen und verschwiegenen Boten, desgleichen Tinte und Pergament, denn er beherrschte die Schreibkunst. Er schrieb an König Artus, seinen Oheim, daß er in sechzehn Tagen auf der Ebene von Ioflanze einen Zweikampf auszufechten habe. Dieser sei so bedeutungsvoll, daß er vor vielen Zeugen entschieden werden müsse, und er lud den Oheim ein, mit seinem ganzen Hof zu kommen.

Gawan übergab den Brief dem Knappen und schärfte ihm ein, er dürfe niemandem verraten, wem er den Brief zu bringen habe. Er nahm ihm auch den Eid ab, niemandem zu sagen, daß er von Schastel marveile komme und daß Gawan jetzt dort Herr sei.

Als der Knappe Gawan verlassen hatte, ließ ihn die Königin Arnive zu sich kommen und fragte ihn nach seinem Auftrag. Er aber antwortete:

«Herrin, ich habe einen Eid abgelegt, zu schweigen. Ich darf nichts sagen. Gott behüte Euch, ich muß jetzt meine Fahrt antreten.»

DREIZEHNTES BUCH

GAWAN UND ARTUS

Gawans Knappe ritt davon, und seine Antwort hatte die Königin sehr verstimmt. Sie befahl dem Torwächter, ihr sofort Bescheid zu geben, wenn der Knappe zurückkäme, sei es am Tag oder bei Nacht. Dann ging sie zu der schönen Herzogin und versuchte, sie nach dem Auftrag des Knappen auszufragen, aber Orgeluse war auf der Hut und verriet nicht Gawans Namen.

Gewaltige Abenteuer hatte Gawan während der vergangenen Tage bestehen müssen: erst den Zweikampf mit Lischois Gwellius, dann das Abenteuer im Schastel marveile, das ihn dem Tod nahebrachte; schließlich hatte er sein eigenes und Gringuljetes Leben aufs Spiel gesetzt bei dem gefährlichen Sprung über die Gefährliche Schlucht. So war es kein Wunder, daß er der Ruhe bedurfte, ehe das Fest begann, und er fiel in einen langen, erquickenden Schlaf.

Unterdessen bereitete man das Fest im großen Rittersaal vor. Schöne Bildteppiche wurden an die Wände gehängt, der Fußboden mit Teppichen bedeckt, und die Sitzplätze an den Wänden waren mit weichen Kissen gepolstert.

Als Gawan erwachte, begab er sich in den Saal. Da saßen auf der einen Seite alle Ritter, die durch Klinschors Zauber in dem Schlosse gefangen gewesen waren, und auf der anderen

Seite alle die schönen Damen, die das gleiche Schicksal hatten erleiden müssen. Inmitten der Damen hatten die Herzogin Orgeluse und die vier Königinnen Platz genommen. Sie waren alle schön, aber Orgeluses Schönheit überstrahlte sie.

Gawan fragte Bene, die ihn begleitete, wer von den Damen wohl Itonje sei. Bene antwortete: «Jene mit dem braunen lockigen Haar, mit den strahlenden Augen und den roten Lippen.»

Da setzte sich Gawan zu Itonje und begann ein Gespräch mit ihr. Er lenkte mit geschickten Worten das Gespräch auf Gramoflanz und übergab ihr schließlich den Ring. Itonje errötete heftig, das Gesicht bekam dieselbe Farbe wie die Lippen, aber gleich darauf erblaßte sie. «Ach, Herr, behaltet mein Geheimnis für Euch! Niemand soll es wissen, daß wir uns lieben, obwohl wir uns noch niemals gesehen haben, und dieser Ring ist wohl oft als Liebeszeichen zwischen uns hin- und hergewandert. Obwohl ich die Burg nicht verlassen durfte, sind wir uns doch treu geblieben.»

Gawan hörte aus ihren Worten eine Liebe zu Gramoflanz sprechen, die tief und echt war, und auch einen Groll auf die schöne Orgeluse, die Gramoflanz feindlich gesinnt war und ihn von ihren Rittern verfolgen ließ. Itonje ahnte nicht, daß der neue Herrscher auf Schastel marveile, der jetzt mit ihr sprach, ja in Wirklichkeit ihr eigener Bruder war, und noch weniger ahnte sie, daß dieser Bruder von ihrem geliebten Gramoflanz zum Zweikampf herausgefordert worden war. Gawan versprach ihr aber, alles zu tun, was in seiner Macht stünde, damit sie den Ehebund mit Gramoflanz schließen könne. Sie dankte ihm von Herzen, daß er ihr diese Hoffnung gab.

Ihr Gespräch wurde unterbrochen, als die Knappen in den Saal eintraten. Sie stellten Tische mit schneeweißen Decken vor die Ritter und Damen hin, die immer noch getrennt saßen. Denn obwohl sie in derselben Burg gefangen gewesen waren, hatte die Zauberkunst Klinschors bewirkt, daß sie sich nie vorher gesehen hatten. Die Tische wurden von vielen flinken Händen rasch gedeckt, Speisen wurden aufgetragen, und die Mundschenke boten Wein aus kostbaren Bechern an.

Als das Mahl beendet war und die Tische wieder hinausgetragen, kamen Knappen mit ihren Fideln und ließen Musik im Saal erklingen. Da schritten die Damen zum Tanz, erst einige, dann mehrere, und bald wurde der Reigen bunter, denn jetzt mischten sich die Ritter und die Damen. So feierten sie das Ende ihrer Gefangenschaft.

Gawan war der glückliche Herr des Festes. Zusammen mit Arnive sah er dem Tanz zu, und auch Orgeluse kam und setzte sich neben ihn. Er nahm ihre Hand und das Glück, in der Nähe der Geliebten zu sein, stieg wie eine mächtige Welle in ihm empor. Alle Schmerzen und Mühen, alle Sorgen und Prüfungen versanken, und Freude durchdrang sein Herz.

Nach einigen Stunden meinte die weise alte Königin Arnive, es sei jetzt Zeit für Gawan, an seine Wunden zu denken und zur Ruhe zu gehen. Gawan ließ jetzt den Abendtrunk herumreichen; er war das Zeichen zum Aufbruch, und mit ihm endete das Fest.

Die langen Gänge der Burg füllten sich nun mit Rittern und Damen, die ihre Schlafgemächer aufsuchten, geleitet von kerzentragenden Knappen.

Arnive selbst führte Gawan und Orgeluse zu dem Gemach, das für sie bereitet war, voran ging Bene als Kerzenträgerin. Nachdem die Königin sich überzeugt hatte, daß alles in dem Gemach in bester Ordnung war, wünschte sie ihnen eine gute Nacht und ging mit Bene den langen Weg zurück durch die Gänge. Jetzt konnten Gawan und seine Geliebte sich ganz dem Glück hingeben, einander nahe zu sein.

Während dies alles auf Schastel marveile geschah, war Gawans Bote unterwegs nach der Stadt Bems an der Korka, wo König Artus zu dieser Zeit Hof hielt. Als der Morgen graute, kam er an. Er fragte den ersten Knappen, dem er begegnete, nach der Königin Ginover und erfuhr, daß sie in der Kapelle sei. Er trat dort ein und stellte sich leise neben die Tür, und als die Königin ihr Morgengebet beendet hatte und sich anschickte, die Kapelle zu verlassen, kniete er vor sie hin und überreichte ihr den Brief Gawans.

Die Königin erkannte Gawans Schrift. Sie weinte vor Freude und sagte: «Nie verließ mich die Sorge, seit ich den Schreiber dieses Briefes zuletzt gesehen habe. Bist du Gawans Diener?» fragte sie den Knappen.

«Ja, Herrin», antwortete er, «er sendet Euch durch mich seinen ehrfürchtigen Gruß und bittet Euch, mir zu sagen, wie ich König Artus am besten diesen Brief überbringen kann. Der edle Herr Gawan steht vor einer schweren Prüfung, und er hofft auf den Beistand seines Oheims.»

«Viereinhalb Jahre und sechs Wochen sind vergangen, seit wir uns am Plimizöl von dem edlen Helden getrennt haben», sagte die Königin. «Auch Parzival verließ uns, um auf die Suche nach dem Gral zu gehen. Das war ein Trauertag. Unser ganzer großer Kreis zerstreute sich in alle Richtungen, und viele der Freunde habe ich seitdem nicht wiedergesehen.»

Sie gab dann dem Knappen den Rat, er solle jetzt unbemerkt wieder weggehen und wiederkommen, wenn sich am späten Vormittag das ganze Gefolge, Ritter und Knappen, beim König versammele.

Der Knappe folgte dem Rat, und er kam einige Stunden später in den Burghof hineingeritten, wo sich der König mit allen Rittern auf der einen Seite, die Königin mit ihren Hofdamen auf der anderen Seite eingefunden hatten. Es entstand sogleich ein Gedränge um Gawans Boten. Alle waren neugierig, seinen Auftrag zu erfahren, aber auf alle Fragen antwortete er nur: «Ich habe eine Botschaft an König Artus», schwang sich vom Pferd und bahnte sich einen Weg durch das Gedränge.

Beim König angelangt, beugte er das Knie und überreichte den Brief, den der König sofort öffnete und las. Er wurde zugleich froh und betrübt, als er ihn las: Froh, nach dieser langen Zeit endlich eine Nachricht von seinem Neffen zu bekommen, betrübt darüber, daß Gawan sich in einer solchen schwierigen Lage befand und den Beistand seines Oheims sich erbat.

«Ich werde nach Joflanze kommen», rief er, «und ich werde den König Gramoflanz lehren, meinem Neffen weniger dreist und hochmütig entgegenzutreten. Lieber Freund, bring diesen Brief der Königin dort und bitte sie, ihn zu lesen.»

Der Knappe eilte auf die andere Seite des Burghofes. Die Königin nahm den Brief und las ihn ihren Hofdamen vor. Und nun stiegen Tränen in manch schönes Auge, aus Freude darüber, daß Gawan noch lebe, und aus Trauer, daß er in Gefahr sei.

«Melde deinem Herrn», sagte König Artus zu dem Knappen, der ihm den Brief wieder brachte, «daß die Königin Ginover und ich zur festgesetzten Zeit uns auf der Ebene von Joflanze einfinden werden, mit unserem ganzen Hofe.»

Der Knappe bat um die Erlaubnis, jetzt die Rückfahrt antreten zu dürfen, und die Königin gab einem ihrer Kämmerer den Auftrag, ihn mit allem, was er für den Rückweg brauchte, auszustatten. «Sage deinem Herrn, daß wir kommen und daß wir uns freuen, ihm helfen zu können. Gott behüte dich!»

Gegen Abend des nächsten Tages war der Knappe wieder in Schastel marveile. Seinem Auftrag gemäß öffnete der Torwächter ihm nicht sogleich, sondern ließ erst die Königin Arnive wissen, daß der Knappe zurückgekommen war. Die Königin ließ den Knappen kommen und versuchte, von ihm das Geheimnis zu erfahren, aber er bewahrte seine Verschwiegenheit: «Herrin, ich habe ein Schweigegelübde abgelegt!» Als sie weiter mit Fragen auf ihn eindrang, sagte er nur: «Herrin, Ihr bemüht Euch vergebens, ich bleibe meinem Eide treu.» Der Knappe suchte nun Gawan auf und berichtete von seinem Auftrag: «Herr, ich habe König Artus gesprochen und den Brief überreicht. Er läßt Euch sagen, daß er sich zur festgesetzten Zeit mit seinem ganzen Hof auf der Ebene von Joflanze einfinden wird. Alle freuen sich auf das Wiedersehen mit Euch und sind glücklich, daß Ihr gesund und froh seid.»

Da war Gawans Herz voller Freude, und frei von Sorgen wartete er nun auf König Artus.

Eines Tages saß Gawan mit der Königin Arnive in einer Fensternische, von wo aus man über den Fluß und die Kampfwiese schauen konnte. Sie waren in vertrautem Gespräch, und Gawan fragte die Königin: «Edle Herrin, Euch habe ich es zu verdanken, daß ich Herr über diese Burg bin. Ist es nicht an der Zeit, daß ich auch erfahre, welche Geheimnisse mit ihr verknüpft sind?»

Die Königin antwortete: «Diese Burg, die Klinschor hat bauen lassen, ist mit all ihren Reichtümern gering und unbedeutend gegen die Zauberwerke, über die er in seinem eigenen Reich gebietet. Dieses Reich heißt Terre de Labur, und die Hauptstadt ist Capua. Er stammt von einem mächtigen Magier ab, der in alten Zeiten lebte. Auch Klinschor war berühmt und mächtig, und der Stern seines Glückes stand hoch.

Da begegnete er eines Tages der wunderschönen Königin Iblis von Sizilien. Eine heftige Liebe zu ihr flammte in ihm auf, die sie erwiderte, und sie schenkte ihm ihre Gunst. Aber das Glück nahm ein jähes Ende. Iblis' Gemahl überraschte sie einmal, als sie sich allzu nahe waren. Er zog sein Schwert und entmannte Klinschor mit einem Schnitt. Diese grausame Strafe machte Klinschor zum Menschenfeind. Da er keine Freude mehr erleben konnte, suchte er seine Lust darin, die Freude anderer Menschen zu zerstören.

Um dieses Ziel zu erreichen, reiste er in ein fernes Land, wo er die schwarze Magie erlernte. Als er wieder in sein Land zurückkam, erregte er überall Schrecken und Entsetzen. Zu den Menschen, die Klinschor verfolgte, gehörte auch König Irot, der Vater des Königs Gramoflanz. Irot erkaufte sich den Frieden dadurch, daß er Klinschor den Burgfelsen schenkte und dazu das Land im Umkreis von acht Meilen. Hier ließ Klinschor diese Burg bauen und füllte sie mit Schätzen. Sie ist so stark befestigt und hat so große Vorräte an Lebensmitteln, daß sie einer Belagerung dreißig Jahre lang standhalten könnte. Klinschor hat Macht über alle Geister, sowohl böse wie gute, es sei denn, sie stehen unter Gottes Schutz. Die Burg kann nicht von außen erobert werden, nur von innen, von dem, der das Abenteuer mit dem Zauberbett und mit dem Löwen besteht.

Klinschor ließ kundmachen, wer dieses Abenteuer bestehe, der werde Herr der Burg und auch Herr des Landes. Ihr habt das Abenteuer bestanden, und jetzt seid Ihr Herr über Burg und Land, denn auf Klinschors Wort kann man sich verlassen. Nun beachtet aber eines: Die Ritter und Damen, die Klinschor hier gefangen hat, sind Euch untertan. Es steht in Eurer Macht, sie freizugeben, daß sie in ihre Heimatländer zurückkehren können. Möge der, der die Zahl der Sterne am Himmel kennt, Euer Herz bewegen, so daß Ihr uns die Freiheit wieder schenkt!»

«Edle Herrin», antwortete Gawan, «bei meinem Leben: bald werdet Ihr und alle Damen und Ritter frei sein! Aber schaut! Wer kommt denn dort?»

Sie blickten zum Fenster hinaus und sahen, daß ein Heer auf der anderen Seite des Flusses die Kampfwiese heruntergezogen kam, zahllose Reiterscharen mit vielen Feldzeichen, blitzenden Lanzen und Helmen. Gawan erkannte das Wappen des König Artus und weinte vor Freude. Arnive aber, die so viele Jahre gefangen gewesen war, erkannte das Wappen nicht. Das Heer schlug auf der Kampfwiese ein Lager auf.

Gawan gab Befehl, die Burgtore fest zu verschließen und alle Boote am diesseitigen Ufer anzuketten. Dies waren Maßnahmen, die ein Burgherr traf, wenn ein unbekanntes Heer sich nahte. Niemand durfte ahnen, daß Gawan sehr wohl wußte, wer da kam. Er ließ alle Ritter zusammenrufen, ernannte einen von ihnen zum Marschall, einen zum Truchseß, einen zum Mundschenken und einen zum Kämmerer und gab ihnen den Befehl, den Auszug aus der Burg für den morgigen Tag vorzubereiten.

Am nächsten Morgen zog König Artus' Heer ab, auf die Ebene um Joflanze zu. Eine Weile später sandte Gawan seinen Marschall denselben Weg mit dem Auftrag, auf Joflanze einen Zeltplatz für Gawans Gefolge auszumessen. Er beauftragte ihn auch, König Artus aufzusuchen und ihm mitzuteilen, daß Gawan bald kommen werde.

Der Marschall machte sich mit den Scharen seiner Knechte und Lastpferde sofort auf den Weg. Auf Joflanze angekommen, hatte er Mühe, neben dem weit ausgedehnten Zeltlager des Königs Artus einen freien Platz zu finden, wo er Gawans Zeltlager aufschlagen konnte. Dann suchte er den König auf und richtete seine Botschaft aus. Die Freude war groß, als die Kunde sich verbreitete, Gawan sei unterwegs. Überall wurde noch daran gearbeitet, die Zelte zu errichten und sie den Rittern und Damen zuzuteilen. Auch für die Pferde mußte Platz gefunden werden, und die Küchen und Vorratszelte wurden aufgestellt. Die gleiche Arbeit begann jetzt auf dem Platz, den Gawans Marschall ausgemessen hatte. Inzwischen war Gawan mit seinem Gefolge aufgebrochen. Der Truchseß ordnete den langen Zug. Erst kam ein langer Troß von Lastpferden, beladen mit den Vorräten, die für so viele Menschen nötig sind. Dann folgte ein Zug von Pferden, die die Rüstungen der Ritter trugen, Schilde und Helme obendrauf festgebunden. Dann kamen die Ritter und Damen paarweise geritten, an der Spitze Gawan und Orgeluse und die vier Königinnen. Diese gewaltige Schar über den Fluß zu setzen, nahm lange Zeit in Anspruch, obwohl der Fährmann alles hervorholte, was er an Booten hatte. Als er die letzten übergesetzt hatte, war die Spitze des Zuges schon fast eine Meile weit entfernt.

Auf der Ebene von Joflanze wurden sie von Gawans Marschall empfangen; er führte den Troß zu dem von ihm ausgewählten Platz für das Zeltlager.

Gawan selbst versammelte sich mit seinen Rittern und Damen auf dem weiten Platz, den Artus' Zelte bildeten. König Artus und Königin Ginover kamen aus ihrem Zelt heraus und begrüßten ihn und seine Begleiter auf das herzlichste. Königin Ginover gab Orgeluse und den vier Königinnen den Willkommenskuß, und auch Gawan wurde in gleicher Weise begrüßt. Dann lud Artus Gawan und die Seinen ein, in sein Zelt einzutreten. Als alle Platz genommen hatten, fragte Artus, wer wohl die fünf schönen Damen sein mochten, die sich in Gawans Gesellschaft befanden. Gawan antwortete damit, daß er den König an seinen eigenen ruhmreichen Vater, den König Utependragon, erinnerte; dann sprach er: «Diese Dame ist seine Gemahlin, Arnive, Eure eigene Mutter. Diese Dame ist ihre Tochter, Sangive, Eure Schwester, meine Mutter. Und diese beiden sind meine Schwestern, Itonje und Kundry*.»

So erfuhren die vier Königinnen endlich, daß ihr geheimnisvoller Befreier

* Die Schwester Gawans hat nur den Namen gemeinsam mit der Gralsbotin Kundry.

ihnen so nahe verwandt war: der Bruder von Itonje und Kundry, der Sohn von Sangive und der Enkel von Arnive. Itonje und Kundry waren ja Kinder gewesen, als sie geraubt wurden, und konnten keine Erinnerung an ihren Bruder haben. Arnive und Sangive hatten ihn zuletzt im Alter von zehn oder zwölf Jahren gesehen, und konnten in ihm nicht den tapferen Helden wiedererkennen, der das Abenteuer des Zauberbetts bestanden hatte.

Als die Überraschung, Freude und Ergriffenheit etwas nachgelassen hatte, fragte König Artus nach der fünften Dame. «Herr, es ist die Herzogin Orgeluse von Logrois, die Dame meines Herzens, die mich zum Ritter auserkoren hat und sich mit mir in Minne verbunden hat.» König Artus hieß Orgeluse willkommen, und er bat sie, ihre Ritter am Logrois herbeizurufen und hier ebenfalls ein Lager zu beziehen. Denn er wollte, daß auch sie Zeugen des Kampfes zwischen Gawan und Gramoflanz werden sollten. So wurden noch an diesem Tag mehrere Boten ausgeschickt: Zwei ritten in die Stadt Rosche Sabbins zu König Gramoflanz. Sie hatten diese Botschaft von König Artus auszurichten: «Da Ihr auf einem Zweikampf mit meinem Neffen besteht, geben wir Euch Nachricht, daß wir Euch auf der Ebene von Joflanze zur vereinbarten Zeit erwarten.»

Zwei andere Boten ritten nach Logrois, und schon am nächsten Tag kam Orgeluses Gefolge und bezog das Zeltlager, das ihnen Gawans Kämmerer zugewiesen hatte.

VIERZEHNTES BUCH

GAWAN UND PARZIVAL

Tau lag noch auf den Wiesen, als Gawan am frühen Morgen des gleichen Tages aus dem Zeltlager ritt. Leise, ohne jemanden aufzuwecken, hatte er sich wappnen lassen, denn er wollte prüfen, ob seine Wunden soweit geheilt waren, daß er sich wieder in der Rüstung bewegen und den großen Kampf aufnehmen könnte. So ließ er Gringoljetes Zügel locker, trabte in die Ebene hinaus und erreichte das Ufer des Flusses Sabbins. Dort sah er in der Ferne einen einzelnen Ritter zu Pferde. Als er näherkam, bemerkte er, daß der Ritter eine rote Rüstung trug und das Pferd eine rote Satteldecke hatte. Um den Helm aber trug er einen Kranz von schimmernden Zweigen, die nur von dem Baum stammen konnten, den Gramoflanz hütete.

Ist Gramoflanz schon hier? fragte sich Gawan. Vielleicht wartet er auf mich? Vielleicht will er, daß wir ohne Zuschauer kämpfen? Und er spornte sein Pferd zum Angriff und fällte die Lanze zum Kampf.

Der andere Ritter tat das gleiche, und sie gerieten mit gewaltiger Kraft aneinander. Beide Lanzen zersplitterten beim ersten Anlauf, ohne daß einer den andern aus dem Sattel heben konnte, und der Kampf ging zu Pferd mit den

Schwertern weiter. Die Pferdehufe zertrampelten Gras und Blumen und der Boden war bald gemischt aus Gras, Erde und Splittern von Lanzen und Schilden. Lange ging der Kampf unentschieden hin und her, beide waren glänzende Streiter. Wer hier den Sieg erringen würde, hätte wenig gewonnen und viel verloren und würde sein Leben lang darüber trauern.

Zu dieser Stunde waren die Boten des König Artus in Rosche Sabbins angekommen. Die Stadt lag am Meere, zwischen zwei Flußmündungen. Der eine Fluß war derjenige, der an Schastel marveile vorbeifloß, der andere derjenige, der durch die Gefährliche Schlucht floß, wo der Baum des Kranzes wuchs. In der Stadt herrschte lebhaftes Treiben. Die Boten begegneten vielen Rittern in voller Rüstung, aber auch Scharen von Fußvolk. Das Heer war dabei, sich für den Auszug nach Joflanze zu ordnen. Die Posaunen schallten, Paukenschläge dröhnten, Trommeln wirbelten.

Der König war dabei, sich wappnen zu lassen, als die Boten ihm angemeldet wurden. Sie wurden vorgelassen und richteten Artus' Botschaft aus. Sie ließen damit erkennen, daß König Artus die Herausforderung zum Zweikampf als unberechtigt ansah. Darauf wollte Gramoflanz nicht eingehen, er blieb dabei, daß es sein Recht und seine Pflicht sei, diesen Kampf auszufechten: «Meldet König Artus, Schuld daran sei die unversöhnliche Herzogin, die alle gegen mich zur Feindseligkeit aufstachelt. Ich aber werde alles daran setzen, den Kampf zu gewinnen, denn Freude beflügelt meinen Mut, seitdem ich weiß, daß die edle Frau, für die ich diesen Kampf austrage, aus der Gefangenschaft befreit ist.»

Während dieser Worte hatte die schöne Tochter des Fährmanns neben Gramoflanz gesessen. Sie war mit einem Schiff den Fluß herabgekommen, der an Schastel marveile vorbeifloß, und hatte Gramoflanz das Liebeszeichen, den Ring, von Itonje überbracht.

Nun traten die Knappen eilig den Rückweg an. Als sie sich, schon kurz vor der Ankunft im Zeltlager, dem Ufer des Sabbins nährten, hörten sie zu ihrem großen Erstaunen Waffenklang wie von einem gewaltigen Schwertkampf. Sie spornten ihre Pferde an und sahen, als sie näher kamen, zwei Ritter, die wie wild mit den Schwertern aufeinander einschlugen. Zu ihrem Schrecken erkannten sie in dem einen Ritter Gawan, den Neffen ihres eigenen Königs, der dabei war, in dem Kampf zu unterliegen. Die Knappen sahen, daß er kaum noch Kräfte hatte, und riefen klagend seinen Namen: «Herr Gawan, Herr Gawan!»

Da stutzte der andere Ritter, warf sein Schwert von sich und rief verzweifelt: «Ich bin nicht würdig, eines Ritters Namen zu tragen! Gegen meinen besten Freund kämpfe ich, und damit habe ich meine Ehre verloren. Gegen mich selbst habe ich die Hand erhoben. Mein Unglücksstern verfolgt mich immer noch!»

«Niemals zuvor bin ich von einem einzelnen Gegner besiegt worden», war Gawans matte Antwort. «Wer seid Ihr? Gegen wen habe ich meinen Ruhm verloren?»

«Du mein Freund und Vetter», sagte der andere, «ich will dir von jetzt an immer treu sein. Ich bin Parzival.»

Gawan reichte ihm die Hand und sagte voll von tiefer Freude: «Zwei törichte Herzen sind hier im Kampf übereinander hergefallen. Aber Gott sei gedankt, daß ich dich wiedergefunden habe! Du hast mit mir dich selbst besiegt!»

Erschöpft wie Gawan war, wankte er, als er dies sagte,und wäre zu Boden gesunken, wären nicht die Knappen herbeigesprungen, die ihm den Helm abnahmen und ihm mit ihren Hüten Luft zufächelten.

Inzwischen waren von beiden Seiten Ritter und auch Damen angekommen, die dem Zweikampf zwischen Gawan und Gramoflanz beiwohnen wollten. Als König Gramoflanz aber die beiden Ritter sah und hörte, daß schon ein Kampf stattgefunden hatte, sagte er zu Gawan: «Eher könnte ich jetzt gegen eine hilflose Frau antreten als gegen dich, so erschöpft wie deine Kräfte sind. Aber ein solcher Sieg würde mir wenig Ehre einbringen! Laß uns den Kampf um einen Tag verschieben. Morgen zur selben Zeit wollen wir unsere Kräfte in einem ehrlichen Kampf messen.»

Mit Gramoflanz war auch Bene angelangt. Als sie Gawan, den sie doch so verehrte, so elend dastehen sah, erschöpft, barhäuptig, von den Knappen gestützt, sprang sie weinend vom Pferd und umarmte ihn. Sie wischte Blut und Schweiß von seinem Angesicht und beklagte sein unglückliches Schicksal.

Parzival, der auch seinen Helm abgenommen hatte, wandte sich jetzt an Gramoflanz: «Herr, laßt mich anstelle meines Vetters Gawan kämpfen. Ich fühle mich immer noch stark genug für einen zweiten Kampf. Seid Ihr Gawans Feind, so fordere ich Euch vor mein Schwert!»

Aber Gramoflanz wies diese Herausforderung zurück. Mit Gawan und mit niemandem sonst wolle er am nächsten Tag kämpfen. «Ihr seid sicher ein tapferer Held», sagte er, «aber dieser Kampf ist nicht Eure Angelegenheit.»

Da fühlte Bene das unglückselige Netz von Liebe und Feindschaft, in dem alle verstrickt waren, und in einem leidenschaftlichen Ausbruch der Verzweiflung rief sie Gramoflanz zu: «Weh über Euch, Ihr Ehrloser! Ihr wollt kämpfen gegen den, in dessen Hand Euer Glück liegt, gegen den, der der Retter und der Herr Eurer Geliebten ist. Ihr wollt Eurer Geliebten Unglück bringen!»

Aber Gramoflanz beharrte darauf, daß der Kampf stattfinden müsse: «Begleitet Euren Herrn Gawan und bestellt seiner Schwester Itonje, daß ich für alle Zeit meiner Liebe zu ihr treu bleiben werde, wer auch Sieger wird in dem Kampf!»

Als Bene nun noch begriff, daß Gawan Itonjes Bruder war und daß Gramoflanz also gegen den Bruder seiner Geliebten kämpfen wolle, wurde ihre Verzweiflung noch größer. Sie verfluchte Gramoflanz, weil er auf den Kampf nicht verzichten wolle, aber dieser warf nur schweigend sein Pferd herum und ritt weg in Richtung auf Rosche Sabbins, begleitet von seinen Rittern.

König Artus' Knappen holten die Pferde der beiden Kämpfer, und Gawan, Parzival und Bene ritten zusammen in Gawans Zeltlager zurück, mit ihnen die Ritter, die den letzten Teil des Kampfes mitangesehen hatten. Alle waren sie sich einig, daß Parzival, als er das Schwert von sich warf, schon den Sieg errungen hatte.

Wie ein Lauffeuer verbreitete sich im Zeltlager die Kunde, daß Parzival wiedergekommen sei. Parzival folgte Gawan in sein Zelt, und Gawan ließ jetzt für sich und seinen Vetter kostbare Gewänder kommen: sie wurden entwappnet und kleideten sich festlich an. Dann sagte Gawan: «Hier in meinem Lager befinden sich vier schöne Damen, die mit dir verwandt sind, und auch viele andere Damen, die dich gern kennenlernen möchten. Darf ich dich zu ihnen führen?»

Parzival aber antwortete: «Jede Edelfrau, die dabei war, als ich am Plimizöl für ehrlos erklärt wurde, muß meinen Anblick verabscheuen. Bitte erspare mir diese Begegnung; die Schande, die Kundrys Urteil mir zufügte, brennt noch in meiner Seele.»

«Aber es muß ja doch einmal geschehen», rief Gawan, und schließlich ließ sich Parzival überreden und folgte Gawan zu den vier Königinnen, die ihn mit einem Willkommenskuß begrüßten. Auch Orgeluse war anwesend, aber es fiel ihr schwer, den Mann zu begrüßen, der sie wenige Wochen vorher so kühl zurückgewiesen hatte, als sie ihm ihr Reich und ihre Liebe antrug.

Alle begegneten Parzival mit so viel Liebe und Achtung, daß das Gefühl der Scham aus seinem Herzen verschwand und es sich statt dessen mit Freude erfüllte.

Inzwischen hatten die Knappen lange Tische aufgestellt und Speisen und Getränke in Hülle und Fülle aufgetragen. Unter allen, die sich jetzt fröhlich zum Mahl niederließen, machte nur Bene eine Ausnahme: Sie hatte verweinte Augen, und sie konnte ihren Kummer kaum verbergen, denn sie mußte immer daran denken, daß der morgige Tag nichts als Unglück bringen würde. Wer auch Sieger sein würde in dem Kampf, er würde ihrer geliebten Herrin Itonje nur Leid bringen.

Itonje bemerkte Benes verweinte Augen. Sorge und böse Vorahnungen stiegen in ihrer Seele auf, und sie konnte von der ganzen Mahlzeit kaum einen Bissen essen. «Warum ist Bene hier?» quälte sie sich mit bangen Fragen, «ich sandte sie doch mit dem Ring zu dem Mann, der mein ganzes Herz besitzt. Hat er sie abgewiesen? Verschmäht er meine Liebe?»

Als das Mahl beendet war, gingen alle aus dem Zelt hinaus und setzten sich in einem großen Kreis auf den offenen Platz in der Mitte des Zeltlagers. Dorthin kam jetzt König Artus mit seinem ganzen Gefolge, um Parzival willkommen zu heißen. Als dies geschehen war, erklärte er feierlich, daß Parzival von allen Rittern der Welt der tapferste und vornehmste sei. Parzival antwortete: «Edler Herr, als ich Euch das letzte Mal sah, verlor ich meine Ehre, und mein Ansehen sank so tief, daß kaum noch etwas übrig blieb. Nun habt Ihr kundgegeben, daß meine Ehre wiederhergestellt sei. Ich will es glauben, wenn auch alle anderen hier Anwesenden derselben Meinung sind.»

«Ihr habt Trauer und Schmerz ausgestanden und daraus das höchste Lebensgut erlangt. Im Kampf habt Ihr die Ruhe der Seele erstritten.» Diesen Worten stimmten alle zu; durch ritterliche Taten sei seine Ehre vollständig wiederhergestellt. Da sprach Parzivfal: «Ein rätselhaftes Geschehen vertrieb mich einst von der Tafelrunde. Die mich damals in diesen Kreis aufnahmen, mögen mich jetzt für würdig erklären, wieder ihresgleichen zu sein.»

Als Herr der Tafelrunde erklärte König Artus daraufhin feierlich, daß

Parzival seinen Rang als Ritter der Tafelrunde wiedergewonnen habe, und bestätigte es mit einem Handschlag. Jetzt nahm Parzival Gawan und Artus beiseite: «Ich möchte gerne jenem König im Kampfe begegnen, der sich Gramoflanz nennt», wandte er sich an Gawan, «heute morgen brach ich einen Zweig von seinem Baum, um ihn zum Kampfe herauszufordern. Nur wegen dieses Zweikampfes bin ich in sein Land gekommen. Daß ich dich hier finden würde, lieber Vetter, das konnte ich nicht ahnen. Niemals hat mich etwas so geschmerzt wie das Ereignis, daß ich mit dir in Kampf geriet. Ich war ja in dem Glauben, daß ich Gramoflanz vor mir habe. Lieber Vetter, ich darf jetzt wieder in Gemeinschaft mit dir leben, seit ich meine Ehre wiedergewonnen habe. Laß mich an deiner Stelle kämpfen!»

Gawan antwortete: «Lieber Freund, ich habe viele Verwandte und viele Freunde hier an König Artus' Hof, aber keinem von ihnen kann ich erlauben, an meiner Stelle zu kämpfen. Gott lohne es dir, daß du diesen Kampf für mich ausfechten wolltest, aber ich verlasse mich darauf, daß das Recht auf meiner Seite ist und daß Gott mir zum Sieg verhilft.»

Auch Artus wollte nicht auf Gawan einwirken, daß er seinen Entschluß ändere, und sie kehrten zu den anderen zurück. Die Sonne war schon untergegangen, und Gawans Mundschenke reichten in kostbaren, edelsteingeschmückten Bechern den Abendtrunk herum. Dann begaben sich alle zur Ruhe, jeder in sein Zeltlager. Auch Parzival suchte sein Zelt auf und ließ sich seine Rüstung bringen, um zu sehen, ob sie im Kampf mit Gawan Schaden gelitten hatte. Ein Knappe band sein Pferd vor dem Eingang des Zeltes an. Auch ließ er einen neuen festen Schild bringen, denn der alte war über und über zerhauen und zerschlagen. Mit der Rüstung am Fußende des Bettes ging Parzival zur Ruhe.

Vor Sonnenaufgang erwachte Parzival, wappnete sich selbst, sattelte sein Pferd und ritt vom Lager weg, ohne daß jemand es wußte. Alle schliefen noch.

König Gramoflanz war den Tag zuvor sehr mißmutig gewesen, daß Parzival ihm zum Kampf mit Gawan zuvorgekommen war. Da ihm der Sinn nach Kampf stand, war er an diesem Morgen auch sehr früh auf. Er ließ sich wappnen und ritt allein auf den Turnierplatz zu, vor der festgesetzten Zeit. Als er dort ankam, lag der Platz noch leer da. Kein Mensch war zu sehen, und es verdroß ihn, daß Gawan noch nicht erschienen war.

Als nun endlich ein einsamer Ritter in voller Rüstung von den Zeltlagern her auf den Turnierplatz zugeritten kam, glaubte der ungeduldige Gramoflanz, daß es Gawan sei. Ohne daß sie auch nur ein Wort miteinander wechselten, spornten beide ihre Pferde zum Galopp, und sie gerieten mit gewaltiger Kraft aneinander. Beide Lanzen durchbohrten beim ersten Anlauf die Schilde, die Splitter flogen durch die Luft, und der Kampf wurde mit den Schwertern weitergeführt.

Während dieser Geschehnisse bereitete sich Gawan auf den kommenden Kampf vor, indem er zur Morgenmesse ging, die der Bischof hielt. Er fühlte nicht die gewöhnliche Kampfesfreude, der Gedanke, daß er mit dem Geliebten seiner Schwester kämpfen solle, lag ihm schwer auf der Seele. Aber er sah keinen Ausweg. Die Ritterehre zwang ihn zu diesem Kampf, der Itonje Trauer bringen mußte, wie er auch ausfiele.

Nach der Messe ließ er sich wappnen und ritt zur verabredeten Zeit auf den Turnierplatz, von zahlreichen Rittern und Damen begleitet, die nach König Gramoflanz' Willen Zeugen des Kampfes sein sollten.

Schon von Ferne hörten sie zu ihrer Überraschung den Klang von Schwertern, die auf Helme und Schilde krachten; sie hörten das Wiehern der Pferde, und als sie näher kamen, sahen sie, daß da ein Kampf schon in vollem Gange war. Gramoflanz, der es sonst verschmäht hatte, mit einem einzelnen zu kämpfen, hatte jetzt das Gefühl, er müsse nicht nur gegen zwei, sondern gegen vier oder gar sechs Ritter bestehen, so hart und rasch war Parzivals Angriff. Die Pferde waren schon ganz erschöpft, und die Ritter kämpften jetzt zu Fuß mit den Schwertern.

Auch von Rosche Sabbin kamen jetzt Ritterscharen heran, an der Spitze der Oheim des Gramoflanz, der König Brandelidelin. Als sie den Turnierplatz erreichten, sahen sie zu ihrem Schrecken, daß ihr Herr und König schon nahe daran war, zu unterliegen. Brandelidelin und einige seiner Ritter suchten König Artus und Gawan auf, und nach kurzer Beratung beschlossen sie, daß dieser Kampf unterbrochen und Parzival als Sieger ausgerufen werden solle.

Die beiden Könige, Artus und Brandelidelin, ließen sich die Helme abbinden und ritten barhäuptig auf den Turnierplatz. Sie riefen einige Worte, worauf die Kämpfenden ihre Schwerter sinken ließen, und auch der stolze Gramoflanz mußte zugeben, daß Parzival Sieger war.

Am vorigen Tage hatte Gramoflanz Gawan einen Tag Aufschub für den

Kampf bewilligt. Jetzt war es Gawan, der Gramoflanz diese Frist gewährte: «Es wäre mir ein leichtes, Euch jetzt zu besiegen, obwohl Ihr sonst nur mit zwei Gegnern zugleich streitet. Ruht Euch gut aus in der kommenden Nacht, Ihr könnt es brauchen. Morgen will ich dann allein mit Euch den Kampf aufnehmen. Gott schenke der gerechten Sache den Sieg.»

Gramoflanz nahm das Angebot an und ritt mit den Seinen nach Rosche Sabbins zurück.

König Artus sagte zu Parzival: «Lieber Freund, obwohl Gawan auf deinen Wunsch, an seiner Stelle zu kämpfen, nicht eingehen wollte, hast du doch jetzt den Kampf ausgefochten mit demjenigen, der hier auf Gawan wartete. Du hast dich weggeschlichen wie ein Dieb in der Nacht, sonst hätten wir dich vielleicht davon abhalten können. Aber nun ist es geschehen. Hoffentlich zürnt dir Gawan nicht!»

Gawan aber meinte: «Ich habe keine Eile mit diesem Zweikampf, mir wäre es am liebsten, wenn Gramoflanz ganz darauf verzichten würde.»

Das war eine unerwartete Antwort von dem so tapferen und kampfgewohnten Ritter, und vielleicht wunderten sich einige von denen, die zugehört hatten, aber niemand fragte Gawan, was er eigentlich damit meine.

Jetzt gab König Artus Zeichen zum Aufbruch, und alle, die gekommen waren, um den Kampf mitanzusehen, ritten in zerstreuten Gruppen zurück zu den Zeltlagern.

Es wird nicht erzählt, ob Itonje und die anderen Königinnen auch unter den Zuschauern gewesen waren, die sich beim Turnierplatz eingefunden hatten, aber Itonje hatte jetzt endgültig begreifen müssen, was es für ein Kampf war, der bevorstand, der Kampf zwischen ihrem Geliebten und ihrem eigenen Bruder. Als man sich nach der Rückkehr in Gawans großem Zelt versammelte, brach ihre Beherrschung zusammen, und ein heftiges Weinen überfiel sie. Alle waren bestürzt, denn eine vornehme Dame mußte sich unter allen Umständen beherrschen. Sie durfte niemals verraten, was in ihr vorging, wie schwer es ihr auch sein mochte. So wollte es die Sitte.

Mutter und Großmutter führten sie eilig aus dem großen Zelt hinaus und in ein kleines seidenes Zelt nebenan. Dort wurde sie von der Königin Arnive wegen ihres unpassenden Benehmens streng getadelt. Nun gab es keinen Ausweg mehr. Weinend verriet Itonje das Geheimnis, das sie so lange bewahrt hatte. Als Arnive begriff, welches Unglück dieser Zweikampf bringen würde, wer auch immer siegen würde, rief sie: «Nun muß mein Sohn Artus helfen.» Und sie ließ nach ihm senden.

Inzwischen war Gramoflanz mißmutig nach Rosche Sabbins zurückgekehrt. Es verdroß ihn, daß erst ein anderer Ritter statt seiner gekämpft und den Sieg gewonnen hatte, und daß heute er selbst von diesem Ritter besiegt worden war. So sandte er zwei Knappen zu König Artus mit der Botschaft, er möge doch darauf sehen, daß am nächsten Tag der rechte Mann sich zum Kampf einfände. Er gab ihnen aber auch Itonjes Ring mit und einen Brief an sie, mit dem Auftrag, beides an Bene zu überbringen.

Die beiden Boten trafen gerade in dem Augenblick in Artus' Lager ein, als der König sich in das kleine Seidenzelt zu Arnive begeben wollte. Sie richteten dem König ihre Botschaft aus und übergaben Bene, die herbeigeeilt war, Ring und Brief.

Tief bewegt nahm Itonje den Brief entgegen, küßte ihn, drückte ihn an ihre Brust und überreichte ihn dann ihrem Oheim: «Lies ihn bitte selbst, und sage mir dann, ob es nicht eine Botschaft echter Liebe ist.»

Artus nahm den Brief entgegen, las ihn und sprach dann bewegt: «Ja, liebe Nichte, dies ist gewiß eine Liebesbotschaft.» Und er las den Anfang des Briefes vor: «Ich grüße die, der mein Herz gehört und deren Liebe ich durch meinen Dienst zu erringen versuche. Du schenkst meinem Herzen Mut und Kraft, wenn du mir die Treue bewahrst. Vor dir flieht das Leid aus meinem Herzen, deine Liebe ist mir Hilfe und Rat zugleich, so daß ich keine Missetat begehen kann. So begegnet deine Liebe der meinigen, darin hat meine Freude ihren Ursprung.»

«Liebe Nichte», fügte König Artus hinzu, «ich glaube, Gramoflanz liebt dich aufrichtig und ohne Vorbehalt. Dieser Brief ist wahrlich ein Zeugnis davon. Höre auf zu weinen! Ich werde dafür sorgen, daß dieser Kampf nicht stattfindet.»

In dem Gespräch mit Itonje war es Artus klar geworden, daß die Ursache aller Verwicklungen und Gegensätze bei Orgeluses unversöhnlichem Haß lag, den sie gegen Gramoflanz hegte. So bekam jetzt Bene den Auftrag, sie solle mit den beiden Knappen zurück nach Rosche Sabbins reiten und Gramoflanz mit seinen nächsten Freunden und Verwandten zu einer friedlichen Beratung einladen, in der man versuchen wolle, eine Versöhnung zwischen ihm und Orgeluse zustandezubringen. König Artus versprach Gramoflanz freies Geleit zu dieser Beratung. Gawans Bruder, der schöne

Beakurs, würde ihm mit einem großen Gefolge auf halbem Wege entgegenkommen.

Als Bene mit den Knappen nach Rosche Sabbins kam, suchte sie sofort Gramoflanz auf. Sie richtete Artus' Botschaft aus, und zu ihrer Überraschung ging Gramoflanz sofort und mit Freude auf den Vorschlag ein. Er wählte auf der Stelle neun von seinen Lehensfürsten und außerdem noch König Brandelidelin als sein Gefolge aus und bald machten sie sich auf den Weg nach Joflanze.

Auf halbem Weg kam ihnen Beakurs entgegen mit einer großen Schar vornehmer Edelknaben und Knappen. Er selbst war der schönste von allen. Gramoflanz fragte Bene, wer wohl dieser schöne junge Ritter sei. Als er hörte, daß es Itonjes Bruder sei, freute er sich, denn jetzt wußte er, wie er seine geliebte Itonje erkennen könnte. Und alle Hoffnungen der Liebe wurden in seinem Herzen wach und überwanden die Gefühle der Rache und Mißgunst, die ihn so lange beherrscht hatten.

Unterdessen hatte König Artus Orgeluse aufgesucht und ihr in milden, versöhnlichen Worten von der Liebe zwischen Gramoflanz und Itonje erzählt. Er machte ihr klar, daß das Glück dieser beiden Menschen von ihr und ihrer Bereitschaft zur Versöhnung abhinge. Und Orgeluse fühlte, daß der jahrelange Haß gegen den, der ihren geliebten Cidegast getötet hatte, nun dahingeschmolzen war und der Liebe zu Gawan Platz gemacht hatte. An Gawans Seite hatte sie ein neues Leben angefangen. Sie war nun bereit, zu verzeihen, mit einer Bedingung: Gramoflanz müsse alle Anklagen gegen Gawans Vater, den König Lot, zurücknehmen und ihn freisprechen von aller Schuld an dem Tod seines Vaters.

Um Gramoflanz ehrenvoll zu empfangen, rief König Artus im runden Zelt hundert edle Damen und viele Ritter zusammen. Unter diesen war niemand schöner als Parzival, der neben der Königin Ginover saß. Im Gefolge der Königin befand sich auch Itonje. Ihre Augen strahlten in der Hoffnung, ihre Liebe möge sich jetzt erfüllen. Ihr Herz war voll bebender Erwartung.

Zu diesem Zelt führte Beakurs König Gramoflanz und seine Begleiter. Sie saßen ab, und Gramoflanz gab höflich seinem Oheim, dem König Brandelidelin, den Vortritt und trat nach ihm in das Zelt. Artus' Kämmerer mußte den beiden Königen durch das Gedränge von eifrigen Rittern und Knappen den Weg zu König Artus und seiner Königin bahnen. Ginover begrüßte die beiden Gäste mit einem Willkommenskuß. Dann wandte sich Artus zu Gramoflanz: «Seht Euch um unter den schönen Damen, die hier versammelt sind! Wenn Euch das Herz höher schlägt beim Anblick von einer unter ihnen, dann umarmt sie und küßt sie. Das mag Euch und ihr erlaubt sein.»

Gramoflanz sah sich um und erkannte sofort Itonje, weil sie Beakurs so ähnlich sah, vielleicht auch, weil ihre Augen ihm voll wärmster Liebe entgegenstrahlten. Er trat zu ihr hin und küßte sie. Dann setzte er sich neben sie und nahm ihre Hand in die seine. Sie saßen schweigend da und gaben sich ganz dem Glück hin, die Nähe des anderen zu spüren. Nach einigen Augenblicken der Stille erbat sich Artus, mit Brandelidelin sprechen zu dürfen, und sie zogen sich in ein kleineres Zelt zurück.

Artus sprach zu Brandelidelin: «Jetzt habt Ihr mit eigenen Augen gesehen, daß Euer Neffe Gramoflanz die Schwester Gawans, Itonje, von Herzen liebt. Und deswegen darf dieser Zweikampf nicht stattfinden. Wer auch Sieger würde, es wäre doch zum Unglück für alle.»

«Ihr habt recht. Ich will alles tun, meinen Neffen zu bewegen, daß er seine Herausforderung zurücknimmt. Aber dann müßte sich auch die Herzogin von Logrois mit meinem Neffen versöhnen, den sie durch viele Jahre mit Haß und Feindschaft verfolgt hat.»

Artus versicherte, daß Orgeluse, da sie sich jetzt in Liebe zugewandt habe, zur Versöhnung bereit sei. Dann ließ er sein Pferd bringen und ritt zu Gawan. Er erzählte ihm, was vorgefallen war, und Gawan umarmte ihn voll Freude: «Lieber Oheim, dies ist die beste Kunde, die ich bekommen konnte. Ich will nichts lieber, als auf diesen unseligen Zweikampf zu verzichten.»

Zusammen brachten sie es nun fertig, die schöne Herzogin zur Versöhnung zu bewegen, und sie erklärte sich sofort bereit, ihren alten Haß gegen Gramoflanz zu begraben.

Nun ritt König Artus wieder in sein Lager zurück. Als Gramoflanz erfuhr, daß Orgeluse bereit war, auf alle Feindseligkeiten zu verzichten, und den alten Haß zu begraben, versprach er, auf die Vergeltung für den geraubten Kranz zu verzichten und seine Herausforderung zurückzunehmen. Beim Anblick der schönen Itonje schmolz sein Groll gegen den König Lot von Norwegen.

König Artus hatte Gawan und Orgeluse eingeladen, mit ihrem Gefolge nun auch in das runde Zelt zu kommen, um die Versöhnung zu feiern. Ginover begrüßte Gawan und seine vier Damen mit Willkommensküssen.

Dann trat auch König Gramoflanz zu der schönen Orgeluse, und sie gaben sich den Versöhnungskuß. Orgeluses Augen füllten sich mit Tränen, als sie an den Tod von Cidegast dachte, aber ihre Liebe zu Gawan war so groß, daß sie ihren alten Haß überwand und ihrem Feind verzieh.

Als dann auch Gawan und Gramoflanz sich mit einem Versöhnungskuß begrüßt hatten, gab König Artus allen Anwesenden kund, daß nun ein vierfaches Hochzeitsfest vor der Tür stand, denn nicht nur Gawan und Orgeluse, Gramoflanz und Itonje wollten jetzt den Ehebund schließen, sondern auch Sangive, Gawans Mutter, und Itonjes Schwester Kundrie hatten sich mit Lischois Gwellins und einem anderen Fürsten von Logrois verbunden. Ein Braus der Freude und des Jubels stieg gegen das Zeltdach empor, und in fröhlichem Gewimmel drängte sich alles durcheinander, um die vier Paare zu beglückwünschen.

Der Abend brach heran, die verschiedenen Ritterscharen trennten sich nun, und jeder suchte sein Zeltlager auf. Gramoflanz blieb mit Itonje bei König Artus.

Parzival freute sich über Gawans Glück, aber unter allen diesen frohen Menschen fühlte er seine Einsamkeit schwerer als während all der Jahre, die vergangen waren, seit er Belrapeire verlassen hatte. Viele schöne Damen hatten ihm an diesen beiden Tagen freundliche Blicke geschenkt, aber er fühlte die Treue zu seiner geliebten Kondwiramur, die er in seinem Herzen trug. Die Treue, die er ihr während dieser langen Jahre gehalten hatte, wollte er auch jetzt nicht brechen. In all ihrer lieblichen Schönheit stand sie vor seinem inneren Blick. Sehnsucht und Liebe stiegen mit übermächtiger Kraft in ihm hoch.

«Mein Platz ist nicht unter diesen fröhlichen Menschen», sagte er sich, und in aller Stille legte er am Abend noch Rüstung und Waffen zurecht. In der ersten Morgenfrühe des nächsten Tages sattelte er sein Pferd und verließ das Lager, ehe jemand wach geworden war.

FÜNFZEHNTES BUCH

PARZIVAL UND FEIREFIS

Parzival ritt von den Zeltlagern weg und kam nach einer Weile an den Rand eines großen Waldes – vielleicht war es Klinschors Wald. Dort sah er einen hochgewachsenen Ritter in voller Rüstung. Er trug einen prachtvollen Waffenrock, der ebenso wie Schild und Helm mit Edelsteinen übersät war. Den Helm zierte das Bild des Ecidemon, eines Tieres, das allen Giftschlangen den Tod bringt, und auch der Schild trug ein solches aus Edelsteinen geformtes Bild. Alle diese Edelsteine blitzten in der Sonne, als der Ritter nun beim Anblick von Parzival seine Lanze fällte und sein Pferd zum Angriff spornte.

Parzival tat das gleiche, und im nächsten Augenblick trafen beide mit solcher Kraft, daß die Lanzen an den Schildern zerbrachen, ohne daß einer den anderen aus dem Gleichgewicht bringen konnte. Beide saßen gleich fest im Sattel, als der Kampf nun mit den Schwertern weitergeführt wurde. Der Ecidemon am Helm des Fremden bekam manchen Schlag und der Helm viele Beulen, aber auch Parzival wurde von harten Schwerthieben getroffen.

Als die Pferde ganz ermattet waren, ging der Kampf zu Fuß weiter. «Thasme!» und «Tabronit!» war der Kampfruf des

Fremden, und bei jedem Ruf drängte er einen Schritt vor. Parzival mußte seine ganze Kraft aufbringen, um ihn wieder zurückzudrängen. Der Fremde kämpfte für seine Herzensdame, ihre Liebe gab ihm Kraft und befeuerte seinen Kampfeseifer. Er ging Parzival so hart an, daß dieser schließlich auf die Knie sank.

In diesem Augenblick der äußersten Not, wo er dem Tod schon nahe war, erschien mit einem Mal Kondwiramur in all ihrer Schönheit so lebendig vor seinem inneren Blick, als ob sie vor ihm stünde. Ganz von Liebe zu ihr erfüllt, fühlte er eine unbezwingliche Kraft in sich wachsen, und er kam wieder auf die Füße. Mit dem Kampfruf «Belrapeire!» drang er mit gewaltiger Kraft auf den Fremden ein. Kondwiramur kam ihm zu Hilfe und schützte ihn, wenn sie auch durch viele Länder voneinander getrennt waren.

Der Fremde wurde Schritt um Schritt zurückgedrängt, da zerbrach Parzivals Schwert, das er einst Ither geraubt hatte, und er stand waffenlos da. Der Fremde ließ sein Schwert sinken und sprach seinen Gegner auf französisch mit arabischem Akzent an: «Edler Kämpfer, du hast dein Schwert verloren. Ein Sieg über dich hätte jetzt keinen Wert mehr. Laß uns Frieden halten, bis wir vom Kampf ausgeruht haben!»

Sie setzten sich nebeneinander in das Gras, und der Fremde fuhr fort: «Tapferer Ritter, sage mir deinen Namen und deine Herkunft.»

Parzival entgegnete unwirsch: «Soll ich das etwa aus Furcht tun? Ich lasse mich nicht zwingen!»

Der Fremde antwortete ruhig: «So will ich meinen Namen zuerst nennen, auch wenn es als Furcht gedeutet werden könnte. Ich bin Feirefis, ein Anscheweine, König über mehrere Länder, die mir tributpflichtig sind.»

«Mit welchem Recht nennt Ihr Euch einen Anscheweinen?» fragte Parzival. «Anschauwe ist mein Land. Es gehört mir, das ganze Land mit Burgen und Städten. Ich bitte Euch, wählt einen anderen Namen. Aber jetzt entsinne ich mich, man hat mir erzählt, daß ich im fernen Heidenland einen Bruder haben soll. Er hat mit ritterlicher Kraft Reichtum und Ruhm gewonnen und ist unter den Heiden sehr berühmt. Herr, laßt mich Euer Gesicht sehen, dann könnte ich sofort sagen, ob Ihr der Bruder seid, den man mir beschrieben hat.»

«Sage mir erst, was du weißt vom Aussehen deines Bruders.»

«Ich habe gehört», sagte Parzival, «daß sein Gesicht einem beschriebenen Pergament ähnlich sieht, weiß und schwarz gefleckt. So hat ihn mir Königin Ekuba einst bei Artus geschildert.»

«Das bin ich», rief der andere und riß sich den Helm vom Kopf.

Und nun machte Parzival die schönste Entdeckung seines Lebens: er fand, daß das Gesicht des anderen genau so aussah, wie man es ihm beschrieben hatte. Er hatte seinen Bruder gefunden. Sie umarmten und küßten sich, und die Feindschaft verwandelte sich in Freude und Liebe.

«Gepriesen sei Gott Jupiter!» rief Feirefis, «der mich auf diese Fahrt sandte und mir durch seinen Stern den Weg wies. Gepriesen sei auch die Göttin Juno*, die mir solche Winde schickte, daß ich gerade an dieser Küste landete, wo ich meinem Bruder begegnen sollte. Wahrhaftig, lieber Bruder, deine Kraft ist so groß wie deine Schönheit! Das haben dir die Götter geschenkt.»

Feirefis pries wieder die Götter, die sein Schiff zu dieser Küste geführt hatten. Er habe ja die Reise unternommen, um seinen Vater aufzusuchen, den er niemals gesehen, den er aber hatte rühmen hören als den vorzüglichsten Ritter der Welt.

«Auch ich habe ihn nie gesehen», entgegnete Parzival, «er starb, ehe ich geboren wurde. Er fiel, als er für den Baruch im fernen Osten kämpfte.»

«Welch schreckliche Nachricht!» rief Feirefis. «Ist mein Vater tot? So ist jede Hoffnung dahin, ihm begegnen zu dürfen. Das bricht mir fast das Herz. Ich habe Freude verloren, aber ich habe auch Freude gefunden, ich habe meinen Bruder gefunden!» Der stolze Held, der mächtige König war so ergriffen, daß er weinte und lachte zugleich.

Als sie sich ein wenig ausgeruht hatten, sprach Feirefis: «Laß uns nicht länger hier sitzen! Meine Schiffe liegen vor Anker nicht weit von hier, folge mir dahin, und du wirst ein mächtigeres Heer schauen, als deine Augen jemals gesehen haben. Die Scharen kommen aus verschiedenen Ländern und sprechen verschiedene Sprachen, aber über alle bin ich Herrscher, alle warten auf meine Befehle. Willst du mir nicht dahin folgen?»

«Das will ich gern», antwortete Parzival, «aber erst mußt du wissen, hier gleich in der Nähe befindet sich König Artus mit seinem ganzen Hof. Da gibt es viele schöne Damen und viele tapfere Ritter, unter ihnen auch Verwandte von uns. Willst du nicht zuerst mit mir dahin gehen?»

Der Ruhm des Königs Artus war auch in Feirefis' ferne Länder gedrungen. Als er hörte, daß er so bald dem berühmten Herrscher begegnen könne,

* Das Mittelalter verwendete die griechischen und römischen Götternamen als Bezeichnung für die Götter der Sarazenen.

ging er gleich auf Parzivals Vorschlag ein, und sie ritten zurück ins Zeltlager.

Dort war die Bestürzung groß gewesen, als Parzival am Morgen vermißt wurde. König Artus hatte bald mit seinen Männern eine Beratung abgehalten, und er gab bekannt, daß er hier acht Tage lang auf seine Rückkehr warten wolle. Gawan, der auch unter den Ratgebern war, weilte noch beim König, als ein Bote von Schastel marveile ihn aufsuchte. Dieser brachte die Nachricht, man habe auf der Burg in der wunderbaren Säule einen gewaltigen Zweikampf gesehen. «Der eine Kämpfer», sagte König Artus, «ist uns wohl bekannt. Es muß Parzival sein. Aber wer mag der andere sein?»

In diesem Augenblick ritten Parzival und Feirefis mit zerhauenen Helmen und Schilden in Gawans Zeltlager ein. Alle wunderten sich, wer wohl der unbekannte Kämpfer sei. Sein Waffenrock war mit Edelsteinen übersät, Edelsteine blitzten auch auf Helm und Schild. Die Kunde, daß Parzival, von einem unbekannten Kämpfer begleitet, wieder gekommen sei, verbreitete sich schnell durch alle Zeltlager. Gawan eilte zu ihnen und begrüßte die beiden Ankommenden mit großer Freude. Er führte sie in ein Zelt und ließ sie entwappnen.

Als Parzival und Feirefis Schweiß und Rost von ihren Gesichtern und Händen gewaschen hatten, staunten selbst die ältesten Ritter über Feirefis' weiß und schwarz gefleckte Haut.

«Vetter», sagte Gawan zu Parzival, «wer ist dieser seltsame Fremdling, den du hierher geführt hast? Sein Anblick ist wunderbar. Ich habe nie seinesgleichen gesehen.»

«Wenn ich dein Vetter bin, so ist er es auch, denn er ist der Sohn Gachmurets und König über Zazamank. Sein Name ist Feirefis, und er ist ein Anscheweine. Er ist mein Bruder.»

Da staunte Gawan, er freute sich und gab Feirefis den Willkommenskuß. Dann gingen sie zusammen zu Gawans großem Zelt. Hier hatten sich Ritter und Damen versammelt, um Parzival willkommen zu heißen und seinen Gefährten kennenzulernen. Sangive und Kundry waren die ersten, die Feirefis den Willkommenskuß gaben, es folgten Orgeluse und Arnive, Itonje und Gramoflanz.

Feirefis sah sich um und freute sich über den Anblick der schönen Damen. Gawan aber fragte Parzival: «Dein Helm und dein Schild zeigen, daß du einen harten Kampf ausgefochten hast, und ebenso ist es bei deinem Bruder. Welche waren eure Gegner?»

«Niemals hat es einen härteren Kampf gegeben», antwortete Parzival, «mein Bruder brachte mich in große Not, ich konnte mich kaum wehren. Dann zerbrach mein starkes Schwert, und ich war waffenlos. Feirefis war ehrenhaft genug, den Kampf zu beenden, wir schlossen Frieden miteinander und es zeigte sich, daß wir Brüder sind. So gewann ich seine Freundschaft, deren ich mich jetzt würdig zeigen will durch treuen Dienst.»

«Es tut mir leid, daß ihr so hart aneinander geraten seid. Doch nun habt ihr euch im Kampf geprüft, und ihr kennt euch um so besser. Ruht euch nun hier bei mir aus und holt euch neue Kräfte!»

Währenddessen war der Nachmittag herangekommen, und Gawan befahl, das Mahl solle früher als sonst aufgetragen werden. Die Diener eilten zwischen den Vorratszelten und dem offenen Platz in der Mitte des Lagers hin und her. Lange Sitzbänke und Tische wurden aufgestellt. Als die Abendsonne auf dem Silber und Kristall der gedeckten Tische glänzte, strömten Ritter und Damen aus den Zelten herbei. Alle nahmen Platz auf den Ruhebänken. Das längliche Viereck, das die Tische bildeten, war so groß, daß man sechs Zelte darauf hätte aufstellen können, ohne daß die Zeltschnüre einander zu nahe gekommen wären.

An der einen Schmalseite nahm Gawan Platz, zusammen mit Orgeluse und Arnive. Parzival und Feirefis saßen ihnen gegenüber an der anderen Seite, zusammen mit Sangive, Kundry und ihren Gemahlen. An der einen langen Seite des Rechtecks saßen alle Ritter und Damen aus Schastel marveile, an der anderen Orgeluses Gefolge. Als alle ihre Plätze gefunden hatten, kamen Mundschenke und Diener in einer lange Reihe vom Küchenzelt her und verteilten Schüsseln und Schalen mit herrlich duftenden Speisen auf die Tische. Die Gäste bedienten sich selbst, aber die Mundschenke stellten die Becher mit Wein vor jeden Gast.

Als die Mahlzeit beendet war, erhob sich Gawan als Zeichen zum Aufbruch. Die Diener trugen alles wieder weg, was für die Mahlzeit benötigt worden war und als der große Platz frei war, setzten sich alle ins grüne Gras. Da hörte man die Töne von Posaunen und Trompeten, von Flöten und Schalmeien, und König Artus kam mit seinem ganzen Hof geritten, die Musikanten voran. Die Ritter schwangen sich von den Pferden und halfen den Damen, abzusitzen und die neue Schar mischte sich mit den anderen.

Feirefis sah sich bewundernd unter all diesen schönen Menschen um. König Artus nahm Platz neben ihm und sprach ihn freundlich an: «Ich preise Gott, daß er uns das Glück beschert hatte, dich kennenzulernen. Nie habe ich zu hoffen gewagt, ich werde dem älteren Sohn meines Vetters Gachmuret noch einmal begegnen, und nie ist mir ein Gast aus dem fernen Heidenland lieber gewesen!»

Nun berichtete Feirefis, was ihn zu seiner großen Fahrt veranlaßt hatte. Er erzählte von der mächtigen Königin Sekundille, deren Liebe er durch viele ritterliche Taten gewonnen hatte. «Den Ecidemon, den ich an Schild und Helm trage, hat sie mir geschenkt, und ihre Treue hat mir immer geholfen. Wenn ich in Bedrängnis komme, gibt mir der Gedanke an sie neue Kraft. So habe ich auf meinem Weg gekämpft und Abenteuer ohne Zahl bestehen können. Heute erst habe ich Kummer und Schmerz erlebt. In meinem Reich hieß es, der tapferste Ritter, der je ein Pferd bestiegen habe, sei mein Vater Gachmuret gewesen, dem ich nie begegnet bin. So beschloß ich, mich auf diese Fahrt zu begeben, um ihn zu suchen. Daß er nicht mehr lebt, habe ich erst heute erfahren.»

König Artus forderte nun die Brüder auf, von ihren Abenteuern zu erzählen, und so geschah es. Beide nannten viele Gegner, die sie besiegt hatten, aber beide hatten auch mit manchen gekämpft, deren Namen sie nicht erfuhren.

Lange dauerte ihr Bericht, und staunend hörte Artus zu. Noch nie hatte man ihm von so wunderbaren Taten erzählt. Er beschloß, am nächsten Tag Feirefis zu ehren ein großes Fest zu geben. Er nahm Parzival, Gawan und Gramoflanz beiseite und sprach: «Ein merkwürdiges Schicksal hat Feirefis zu uns geführt. Zwar ist er ein Heide, aber sein Herz ist edel, und seine Taten sind eines Ritters würdig; durch viele Jahre ist seine Tapferkeit erprobt. So schlage ich Euch vor, daß wir ihn in unsere Tafelrunde aufnehmen.»

Die anderen stimmten mit Freuden zu. Gawan wurde zu Feirefis geschickt, um ihm die Nachricht von der ehrenvollen Berufung zum Ritter von der Tafelrunde zu überbringen. Feirefis war stolz und glücklich, daß er von jetzt an diesem Kreis der besten Ritter angehören durfte.

Längst hatten Gawans Mundschenken den Abendtrunk herumgereicht, und es war tiefe Nacht geworden. Man brach auf, und alle begaben sich zur Ruhe.

Parzival zog sich in das Zelt zurück, das er in der Morgenfrühe dieses Tages verlassen hatte. Er war nun wieder bei all den frohen Menschen, und die Begegnung mit dem Bruder hatte ihn von dem drückenden Gefühl der Einsamkeit befreit, das am Abend vorher so schwer auf seiner Seele gelastet hatte. Er fühlte, daß er wieder dem Kreis der Ritter von der Tafelrunde angehörte. Die Sehnsucht aber nach Kondwiramur war immer noch stark und ungestillt.

Am nächsten Morgen stieg die Sonne strahlend klar an den wolkenlosen Himmel. Auf dem weiten Felde jenseits des Zeltlagers hatten die Knappen des Königs schon den Festplatz vorbereitet. Da war nun die kreisrunde kostbare seidene Decke auf dem Boden ausgebreitet, die auf König Artus' Reisen das Sinnbild der Tafelrunde darstellte. In weitem Kreis, nicht ohne gebührenden Abstand, hatten die Knappen die Sitze aufgestellt.

Nach der Morgenmesse zogen alle, König Artus an der Spitze, zum Festplatz. Es war ein solches Gedränge in der frohen Schar, daß manche Dame in Gefahr war, vom Pferd gestoßen zu werden. Schließlich fanden alle Platz um die prächtige Decke herum, die in vielen Farben glänzte.

Feirefis saß neben der Königin Ginover, und an ihrer anderen Seite Parzival. Sie waren ja die einzigen, die dieses Fest ohne die Dame ihres Herzens begehen mußten.

Nun walteten Kämmerer, Truchsessen und Mundschenken ihres Amtes. Sie achteten darauf, daß nach höfischer Sitte aufgetragen wurde, und für Speise und Trank war reichlich gesorgt.

Als das Mahl fast beendet war, sah man eine einsame Reiterin über die Ebene kommen. Ihr Mantel war schwärzer als das Fell eines Rappen, und als sie sich näherte, erkannte man das Zeichen der Taube auf dem Mantel, das Gralswappen. Ihr Gesicht war unter dichtem Schleier verborgen. Ohne Zögern ritt sie in den Ring hinein zu König Artus, den sie geziemend grüßte und dann weiter zu Parzival. Dieser sah das Gralswappen, mit dem der Mantel der Fremden bestickt war, und ahnte, wer sich hinter dem Schleier verbarg.

Die Frau sprang von Pferd und warf sich Parzival zu Füßen. Unter Tränen bat sie ihn um Verzeihung, daß sie damals am Plimizöl ein so hartes Urteil über ihn hatte sprechen müssen. Da traten Schande und Erniedrigung, die Parzival damals getroffen hatten, wieder ganz lebendig vor seine Seele: Kundry war es, die Zauberin! Groll und Zorn stiegen in ihm auf, und er saß schweigend da. König Artus und Feirefis aber, gerührt von den Tränen der Frau, riefen seine Großmut an. Da überwand er sich und vergab ihr.

Jetzt erhob sich Kundry, warf Kopfbedeckung und Schleier weit weg und stand in ihrer ganzen Häßlichkeit vor ihm. Aber als sie anfing zu sprechen, vergaßen alle ihr Aussehen:

«Heil dir, Gachmurest Sohn! Gott schenkt dir, Herzeloydes Sohn, seine Gnade! Auch Feirefis, den weiß und schwarz gefleckten, begrüße ich. Du, Parzival, sei maßvoll in Freude über die Botschaft, die ich Dir überbringe: Heil sei der hohen Bestimmung, die Dir zuteil wird! Am Gral ist eine Inschrift erschienen. Sie sagt, daß du, Parzival, Gralskönig sein sollst.

Das höchste Glück des Lebens wird dir zuteil. Dein Mund, der keine Lüge kennt, soll die Frage stellen, die Anfortas von seiner Qual befreit und ihm Genesung bringt.

Kondwiramur, deine Gemahlin, und dein Sohn Loherangrin sind auch zum Gral berufen. Als du dein Land Brobars verließest, trug Kondwiramur Zwillinge unter ihrem Herzen. Kardeis, dein zweiter Sohn, soll Brobars erben.

Gib acht, Parzival: Am Himmel sind sieben Wandelsterne. Der höchste von ihnen heißt Saturn. Ihm am nächsten sind der schnelle Jupiter, Mars und die leuchtende Sonne. Sie verkünden dein Glück. Der fünfte heißt Venus, der sechste Merkur. Uns am nächsten steht der Mond. Diese sieben sind die Zügel des Firmaments, denn sie hemmen seine rasche Bewegung. Alles, was der Sterne Bahn umfaßt und was ihr Glanz erreicht, kommt jetzt unter deine Herrschaft. Jeder Schmerz wird dich verlassen. Neid und blinde Begierde dürfen niemals von deiner Seele Besitz ergreifen. Trauer und Schmerz hast du erlitten und damit die höchste Freude des Lebens gewonnen. Im Kampf hast du dir die Ruhe der Seele erstritten.»

Parzival kamen die Tränen vor Freude und er antwortete: «Edle Frau, wenn Gott in seiner allmächtigen Weisheit das alles, was Ihr erwähnt habt, mir sündigem Menschen zuteil werden läßt, und wenn meine Kinder und meine Gemahlin auch daran teilhaben sollen, dann hat er mir große Gnade erwiesen. Daß Ihr mich um Verzeihung bittet, zeigt Eure treue Gesinnung. Hätte ich mich nicht selbst der schweren Sünde schuldig gemacht, so hättet Ihr mir nicht gezürnt. Ich war damals nicht reif, meine hohe Berufung zu erkennen. Jetzt verkündet Ihr mir ein Glück, so groß, daß alle meine Schmerzen verschwinden. Edle Frau, sagt mir jetzt nur, wann ich die Fahrt zur Gralsburg antreten soll. Möge es bald geschehen!«

Kundry antwortete: «Du darfst dir einen Begleiter selbst wählen. Ich werde dir den Weg weisen. Zögere nicht, bring die Hilfe schnell.«

Die in der Nähe saßen, hatten mit angehört, was Kundry und Parzival miteinander gesprochen hatten. Die Freudenbotschaft verbreitete sich in Windeseile über die ganze Tafelrunde. Alle wußten von Anfortas' furchtbaren Leiden, und so war es für alle wie eine Erlösung, daß nun ein neuer Herrscher in das Gralsreich einziehen sollte.

Parzival erhob sich und trat zu Feirefis: «Lieber Bruder, ich bitte dich, sei du es, der mich auf dem Weg nach Munsalväsche begleitet.» Bewegten Herzens nahm Feirefis die Aufforderung an.

Dann wandte sich Parzival an die Ritter der Tafelrunde: «Ihr hohen Herren, meine lieben Freunde, ich danke euch für alles, was ihr meinem Bruder und mir mit diesem Fest gegeben habt. Ehe ich Abschied nehme, sage ich euch dieses: Einst hat mir Trevrizent anvertraut, daß nur der den Gral erlangen kann, den Gott dazu berufen hat.»

Dies war eine wichtige Botschaft. Die Ritter verstanden sie erst allmählich, aber dann verbreitete sie sich bald über alle Länder. Mancher Ritter hörte auf, durch Kampf nach dem Gral zu suchen. So blieb er wohl für lange Zeit verborgen.

Parzival und Feirefis nahmen Abschied von allen ihren Freunden. Sie wurden gewappnet, mit voller Rüstung, als ob sie in den Kampf ziehen sollten. Noch am selben Tag verließen sie die Ebene von Joflanze und traten mit Kundry als Führerin die Fahrt zur Gralsburg an.

SECHZEHNTES BUCH

PARZIVAL WIRD GRALSKÖNIG

Unheil lastete alle diese Jahre auf der Gralsburg, seit jenem Abend, an dem Parzival die Frage unterließ. Damals hatte sich die neuerwachte Hoffnung in Hoffnungslosigkeit verwandelt, und Anfortas hörte nicht auf, darum zu bitten, daß er von seinem Leiden befreit werden möge. Es hätte ja genügt, sieben Tage und sieben Nächte hindurch den lebensspendenden Gral vor ihm zu verbergen, dann wären seine Qualen mit dem Tod beendet. Aber er durfte nicht sterben: Einer mußte im Gralsreich König sein, und so lange keine Inschrift an dem Gral verkündete, daß ein neuer Gralskönig ausersehen war, mußte Anfortas in seinem Amte bleiben und mit allen Qualen weiterleben.

Die Gralsritter und ihre Helfer versuchten auf jede erdenkliche Weise, seine Schmerzen zu lindern. Immer wieder probierte man neue Heilmittel, die man aus fernen Ländern holte, wohlriechende Kräuter und duftende Hölzer streute man um das Bett und auf den Teppich davor, um den bösen Geruch zu mildern, der von der unheilbaren Wunde ausging. Das Bett und die Bettpfosten waren mit Edelsteinen aller Art geschmückt, denn sie haben glückbringende und belebende Kraft. Aber es war, als hätten auch die Edelsteine ihre Kraft verloren. Kein Heilmittel half, nichts brachte Linderung. Wenn Jupiter und Mars einen Umlauf vollendeten, wuchsen die Qualen ins Unerträgliche, und die ganze Burg hallte wider von den Schmerzensrufen des Anfortas.

In dem Augenblick der höchsten Not nahte die Hilfe. Kundry war unterwegs mit Parzival und Feirefis. An der Grenze des Gralsreiches trafen sie auf Gralsritter. Ihr Anführer sah die Fremdlinge nahe, rief seine Männer zu den Waffen und ritt zum Angriff. Aber als er näher herankam, sah er die Tauben an Kundrys Mantel und hielt seine Männer zurück.

Auch Kundry hielt Feirefis zurück, der beim Anblick der anstürmenden Gruppe schon seine Lanze gefällt hatte. Sie ergriff die Zügel seines Pferdes und rief: «Seht Ihr denn nicht das Gralszeichen an Helmen und Fahne? Sie kommen, um ihrem Herrn und Ritter zu huldigen.»

Der Anführer der Ritter rief seinen Männern zu: «Im Zeichen des Grals kommt der Herrscher, auf den wir so lange gewartet haben. Haltet ein! Jetzt ist die Zeit der Trauer zu Ende, jetzt naht große Freude!»

Inzwischen war Kundry näher gekommen und bestätigte ihnen, daß es ihr neuer Herr und König sei, der jetzt nach Munsalväsche ziehe. Die Ritter saßen ab, entblößten ihre Häupter und erwarteten neben ihren Pferden stehend ihren neuen Herrn und König und grüßten ihn ehrfürchtig, mit Freudentränen in den Augen. Parzivals Gruß empfingen sie wie einen Segen.

Mit den Gralsrittern an der Spitze ging dann der Ritt durch die Wildnis weiter. Als sie die Gralsburg erreichten, wurde die Brücke gesenkt, und das Tor öffnete sich. Sie ritten in den Burghof hinein, der so öde und verlassen dagelegen war an jenem Morgen, an dem Parzival die Burg verließ. Jetzt aber füllte er sich schnell mit Rittern und Knappen, die von allen Seiten herbeiströmten, um ihren neuen König zu begrüßen.

Parzival und Feirefis wurden in den großen Rittersaal hinaufgeführt. In dem Saale standen noch die hundert Ruhebänke an den Wänden, da waren noch die drei Feuerstellen in der Mitte des Saales, aber das Ruhebett an der mittleren war leer. Die anderen Bänke füllten sich schnell mit den Rittern, die Parzival und Feirefis in den Saal gefolgt waren.

In Gegenwart aller Ritter wurden Parzival und Feirefis entwappnet. Knappen trugen ihre Waffen und Rüstungen weg, und Diener brachten Wasserbecken, Handtücher und kostbare Gewänder, die sie anlegten. Nun ließ man sie auf dem Ehrensitz mitten im Saal Platz nehmen. Ein Willkommenstrunk wurde in goldenen Pokalen herumgereicht. Dann bat Parzival, daß man ihn zu Anfortas führe.

Ein Ritter geleitete die Brüder zu Anfortas' Gemach. Er empfing sie in jener halbliegenden Stellung, der einzigen, die ihm möglich war, und begrüßte sie mit allen Zeichen der Freude, wenn auch von Schmerz und Leid gezeichnet:

«Ich warte darauf, durch Euch ein glücklicher Mensch zu werden, wenn dies überhaupt möglich ist. Damals habt Ihr mich so elend zurückgelassen, daß es Euch wahrhaftig großen Kummer bereiten muß, wenn Ihr ein mitleidiger Mensch seid. Heute bitte ich Euch um Gottes Barmherzigkeit willen, versucht bei den Gralsrittern zu erreichen, daß sie mir den Tod gönnen. Macht meiner Qual ein Ende. Verhindert nur sieben Nächte und acht Tage lang, daß der Gral zu mir geführt wird, dann erlöst mich der Tod. Einen anderen Wunsch habe ich nicht.»

Parzival erwiderte unter Tränen: «Sagt mir, wo ist der Gral? Vor ihm will ich Gott bitten, uns seine Güte zu offenbaren.»

Der Gralsritter zeigte ihm die Richtung an, und Parzival kniete nieder und bat im Namen der heiligen Dreifaltigkeit, daß des schwergeprüften Mannes Leid ein Ende finden möge. Dann erhob er sich und sprach mit starker und feierlicher Stimme:

«Oheim, was fehlt dir?»

Und durch Christi Hilfe war Anfortas geheilt. Der todkranke Mann verwandelte sich vor ihren Augen. Seine Haut bekam wieder Leben und Glanz, und er blühte auf in einer jugendlichen Schönheit, die jede andere übertraf.

Nachdem dieses Wunder geschehen war, herrschte kein Zweifel mehr über das, was die Inschrift am Gral bestimmt hatte: Parzival war zum König und Herrscher des Gralsreiches erhoben. Nie sah man zwei so mächtige Männer beisammen wie Parzival und Feirefis, und die Gralsritter bemühten sich eifrig und voll Freude um ihren neuen Herrscher und seinen Gast.

Während dieser Geschehnisse war Kondwiramur schon zur Gralsburg unterwegs, von Herzog Kyot, ihrem Oheim, begleitet und mit einem großen Gefolge ihrer Fürsten und Ritter. Denn es war Botschaft von Munsalwäsche gekommen, die Zeit ihrer Trauer sei jetzt vorbei, und sie wurde gerufen, ihren Gemahl am Plimizöl zu treffen, der an der Grenze des

Gralsreiches lag, dort, wo Parzival vor langer Zeit in den Anblick der roten Blutstropfen im weißen Schnee versunken war und sich ganz in seine Liebe und Sehnsucht nach Kondwiramur verloren hatte.

Als die Kunde eintraf, daß Kondwiramur am Plimizöl angekommen sei, brach Parzival sofort auf, um ihr entgegenzureiten. Eine Schar bewaffneter Gralsritter begleitete ihn und zeigte ihm den Weg durch die Wildnis.

Unterwegs suchten sie Trevrizent in seiner einsamen Klause auf. Seine Freude war tief und innig, als er hörte, daß Anfortas von seinen Leiden befreit sei und seine Gesundheit wiedererlangt habe. Er rief: «Gottes Macht ist unermeßlich! Wer könnte jemals seinen Willen erforschen? Wer ermißt die Grenze seiner Allmacht? Nicht einmal die höchsten Engel kennen alle seine Wege. Gott ist Mensch und zugleich das ewige Wort des Vaters, Gott ist Vater und Sohn zugleich. Sein heiliger Geist vermag uns mächtige Hilfe zu schenken.»

Dann wandte er sich zu Parzival: «Niemals geschah ein größeres Wunder! Ihr habt Euch das höchste Ziel erkämpft. Ich hielt Euer Streben für hoffnungslos, denn nie hatte man gehört, daß der Gral durch Kampf zu erlangen sei, und damit Ihr darauf verzichten solltet, sagte ich Euch nicht die volle Wahrheit über das Wesen das Grals. Ihr mögt mir eine Buße auferlegen für diese Sünde. Von jetzt an werde ich Euch, meinem Neffen und König, gehorsam sein. Vergeßt aber die Demut nicht!»

Parzival antwortete: «Dein Rat hat mir schon einmal in tiefster Not geholfen. Ich bitte dich, hilf mir weiterhin, bis der Tod uns trennt. Jetzt will ich meiner Gemahlin entgegenreiten, denn ich habe erfahren, daß sie am Plimizöl angekommen ist. Fast fünf Jahre sind vergangen, seid wir uns trennten. Ich liebte sie sehr, als wir zusammenlebten, und ebensosehr liebe ich sie heute noch. Erlaubt mir, daß ich mich jetzt verabschiede, lieber Oheim.»

«Möge Gottes Segen Euch begleiten, mein König und Herr», antwortete Trevrizent. Und damit trennten sie sich.

Der Ritt ging weiter durch die Nacht, und gegen Morgen kamen Parzival und seine Begleiter zu dem Waldrand, wo er einmal, ohne sie zu erkennen, Segramors und Herrn Keye im Zweikampf besiegt hatte. Vor ihnen lag ein großes Zeltlager. Voll Freude sahen sie auf den Fahnen das Wappen von Brobas.

Es war ganz still. In den Zelten schliefen noch alle. Nur der alte Herzog

Kyot war wach. Als er aus seinem Zelt trat, und die kleine Schar von Rittern mit dem Gralszeichen auf den Schilden herankommen sah, eilte er ihnen entgegen, begrüßte Parzival und führte ihn in ein kleines Zelt, wo er entwappnet wurde und Gesicht und Hände säubern konnte. Dann führte ihn der alte Fürst zum Zelt von Kondwiramur. Er schlug die Zeltbahn vorsichtig zurück, und sie traten zusammen ein.

In der Mitte des Zeltes lag Kondwiramur mit ihren beiden Söhnen in tiefem Schlaf. Um sie herum schliefen ihre Hofdamen. Der alte Fürst beugte sich über Kondwiramur, und schon der Name «Parzival» genügte, um sie aufzuwecken. Sie öffnete die Augen und sah ihren Gemahl vor sich stehen.

Parzival nahm sie in seine Arme. «Welch ein Tag des Glücks», rief sie, «da du wiederkommst, du Freude meines Herzens! Eigentlich sollte ich dir zürnen, aber ich vermag es nicht. Gepriesen sei dieser Tag und diese Stunde, die mir deine Umarmung schenkt. In deinen Armen verschwindet mein Kummer wie der Tau in der Sonne.»

Jetzt wurden auch die beiden Knaben wach, Kardeis und Loherangrin. Parzival küßte sie immer wieder. Kyot gab den Hofdamen einen Wink, das Zelt zu verlassen und auch die beiden Knaben mitzunehmen. Sie tat es, nicht ohne zuvor ihren Herrn und König zu begrüßen. Auch der alte Fürst verließ das Zelt und schloß die Zeltbahn. Und nun waren Parzival und Kondwiramur allein.

Einmal, in der Nähe dieses Platzes, hatte Parzival vor den drei Blutstropfen im Schnee gestanden, und er war so von Sehnsucht nach seiner holden Gemahlin und ihrer Liebe überwältigt worden, daß ihm das Bewußtsein von Zeit und Raum verloren ging: all die Jahre seither hatten Sehnsucht und Entbehrung schwer auf seinem Herzen gelastet. Nun war ihm mit Kondwiramur seine ganze Lebensfreude wiedergegeben.

Als das Lager erwachte und die Kunde sich verbreitete, daß Parzival gekommen sei, strömten die Ritter von Brobars herbei, um ihren Herrn willkommen zu heißen. Während sie vor dem Zelte Kondwiramurs warteten, begrüßten sie die Gralsritter und bewunderten ihre prächtigen, aber von vielen Kämpfen hart mitgenommenen Rüstungen.

Schließlich traten Parzival und Kondwiramur aus dem Zelt, und alle empfingen mit Freudenrufen ihren König. Nach der Morgenmesse ließ Parzival die Ritter von Brobars zusammenrufen, denn er habe ihnen einen wichtigen Entschluß zu verkünden.

Sein kleiner Sohn Kardeis stand neben ihm. Er nahm ihn nun an die Hand und sprach: «Dies ist euer künftiger König! Er soll herrschen über Brobars, Waleis und Norgals. Wenn er herangewachsen ist, müßt ihr ihm auch nach Anschauwe folgen, denn Anschauwe ist sein Erbland, das von meinem Vater stammt. Ich selbst habe durch ein glückliches Schicksal den Gral gewonnen und will fortan nur ihm dienen. Auch Loherangrin ist für diese Aufgabe bestimmt. Ich bitte euch jetzt, eure Lehen aus der Hand meines Sohnes Kardeis entgegenzunehmen und ihm Treue zu schwören.»

Die Fahnen der verschiedenen Lehensgebiete wurden herbeigetragen, und der kleine Kardeis überreichte Fahne um Fahne an die knienden Fürsten. Sie huldigten ihm als ihrem König und gelobten ihm Treue.

Nach einem kurzen Mahl brachen sie alle auf. Herzog Kyot zog mit dem kleinen König Kardeis und seinen Lehensfürsten nach Brobars. Kondwiramurs Hofdamen nahmen weinend Abschied von ihrer geliebten Herrin und schlossen sich dem Herzog und seinem Gefolge an.

Die Gralsritter aber nahmen Parzival, Kondwiramur und Loherangrin in ihre Mitte und machten sich auf den Weg nach Munsalwäsche.

Parzival sprach zu seinen Begleitern: «Einmal sah ich in diesen Wäldern eine Eremitenklause, die über einen Bach gebaut war. Wenn ihr den Weg dahin kennt, so führt mich hin.»

«Herr», antworteten die Ritter, «wir wissen eine Klause, wo eine Jungfrau trauert über den Sarg ihres Geliebten. Sie ist ein Schatz wahrer weiblicher Tugend und ein hohes Vorbild der Treue. Unser Weg führt ganz nahe vorbei.» – «Wir wollen sie aufsuchen», sagte Parzival.

Am Abend erreichten sie die Klause. Parzival klopfte an das kleine Fenster, aber niemand öffnete. Es gelang ihnen, die Fensterluke aufzumachen, und sie sahen, daß Sigune tot vor dem Sarg auf den Knien lag, wie im Gebet versunken. Alle waren sie ergriffen, von diesem Anblick.

Sie brachen die Hütte auf, und Parzival ließ die Deckplatte von Schionatulanders steinernem Sarg abheben. Da lag Schionatulander vor ihnen, unverändert schön und edel anzuschauen. Neben ihn wurde jetzt Sigune gelegt, die ihm ihr Leben und ihre Liebe geweiht hatte. Dann wurde der Sarg wieder geschlossen.

Traurig setzten sie ihre Reise fort, und mitten in der Nacht kamen sie zur Gralsburg. Dort strahlte ihnen aus allen Fenstern so viel Licht entgegen, daß man denken konnte, der ganze Wald brenne. Im Burghof waren alle Ritter,

Knappen und Diener versammelt, und alle huldigten sie dem neuen Gralskönig, seiner Königin und seinem Sohn.

Nun schritt Parzival mit Loherangrin auf dem Arm, neben ihm Kondwiramur, die große Treppe hinauf in den Rittersaal. Oben wurden sie von Anfortas und Feirefis empfangen und willkommen geheißen. Feirefis küßte Kondwiramur, aber als er auch Loherangrin küssen wollte, wandte sich der Knabe erschrocken ab und verbarg sein Gesicht an der Schulter seines Vaters. Es war Feirefis' seltsames Aussehen, das ihn erschreckte. Aber Feirefis lachte nur und meinte, sie würden sicher bald gute Freunde werden.

Alle zusammen gingen sie jetzt in den großen Saal hinein. Dort wurde Kondwiramur von Repanse de Schoye und allen Jungfrauen, die dem Gral dienten, willkommen geheißen. Sie führten die Königin mit ihrem Sohn in ein anderes Gemach. Kondwiramur tauschte ihr Reisekleid gegen ein Festgewand.

Währenddessen ließ sich Parzival im Rittersaal entwappnen, und er bekam einen Mantel um die Schultern gelegt. Anfortas führte ihn zum Hochsitz neben der mittleren der drei Feuerstellen, wo ein großes Feuer aus duftendem Aloeholz brannte. Die hundert Ruhebänke standen an den Wänden entlang, und hunderte von Kerzen erleuchteten den Saal.

Auch Kondwiramur nahm nun Platz zwischen Parzival und Anfortas. Nach ihr strömten die Gralsritter herein und ließen sich auf den Ruhebänken nieder. Dann öffneten sich viele Türen, Pagen kamen mit goldenen Waschbecken und leinenen Handtüchern und bedienten kniend alle Gäste. Andere Diener stellten die Tische auf und verteilten Teller und Bestecke.

Jetzt öffnete sich die Tür an der einen Kurzseite des Saales, und die Gralsjungfrauen zogen feierlich in den Saal, Gruppe nach Gruppe, in derselben Ordnung wie bei Parzivals erstem Besuch. Wie damals kam zuletzt die höchste Dienerin des Grals, Repanse de Schoye, strahlend schön und rein. Auf grünen Seidenkissen trug sie den heiligen Gral. Sie setzte ihn ehrfürchtig auf die durchsichtige Edelsteinplatte nieder, die wie damals auf dem elfenbeinernen Gestell ruhte.

Als die junge Gralsdienerin den Saal betrat, zuckte es wie ein Blitz durch den mächtigen Feirefis. Es war ihm, als fiele seine tatenreiche Vergangenheit, seine Herrschermacht, sein Reichtum, als fiele alles in ein Nichts zusammen vor dieser Offenbarung hoheitsvoller Schönheit und Tugend, und sein Herz entbrannte in Liebe zu ihr. Er saß da, so in ihren Anblick versunken, daß er gar nicht merkte, was um ihn herum vorging. Aber allmählich bemerkte er doch, daß Schalen und Schüsseln leer an den Gral herangetragen wurden und dort mit köstlichen Gerichten gefüllt wurden. Er fragte Anfortas: «Was geschieht hier? Woher kommen diese Speisen, mit denen alle die Schalen und Schüsseln gefüllt werden? Hier steht ja nur ein leerer Tisch vor uns!»

Anfortas erwiderte verwundert: «Edler Herr, seht Ihr nicht den leuchtenden Gral auf dem Tisch?»

«Ich sehe nur ein grünes Seidenkissen, das die Jungfrau mit der Krone vor uns auf den Tisch legte», antwortete Feirefis. «Es ist ein Glanz um sie, der tief in mein Herz gedrungen ist. Ich dachte, ich wäre so stark, daß keine Frau meine Seelenruhe stören könnte, aber jetzt ist mein Herz voller Sehnsucht nach dieser edlen Jungfrau. O du mächtiger Gott Jupiter, warum hast du mich hierhergeführt, wo ich solche Qualen leiden muß?»

Anfortas war überrascht, seinen Gast so verzweifelt zu sehen. «Edler Herr, es tut mir leid, daß meine Schwester Euch ein solches Herzensweh bringt. Sie hat ihr ganzes Leben hier in der Gralsburg verbracht, um mir zu helfen und meine Leiden zu lindern. Euer Bruder ist der Sohn ihrer Schwester. Vielleicht kann er Euch helfen, sie zu gewinnen.»

«Ach», rief Feirefis, «hätte ich nur in ihrem Dienst meinen ritterlichen Ruhm gewonnen, und wäre sie jetzt bereit, mir den Lohn dafür zu schenken! Mächtiger Gott Jupiter, du hast mich hierhergeführt. Hilf mir nun in dieser Not!»

Anfortas wandte sich nun Parzival zu: «Lieber Neffe, dein Bruder kann den Gral nicht sehen.»

«So ist es», sagte Feirefis, «ich sehe nur einen leeren Tisch mit einem grünen Seidentuch!»

Als der alte weise Titurel, der in einem angrenzenden Gemache lag, hörte, daß der Fremdling den Gral nicht sehen könne, sprach er: «Ist der Fremde ein Heide? Hat er nicht die christliche Taufe empfangen? Dann ist der Gral für ihn verborgen.»

Da sah Parzival Hilfe für seinen Bruder: «Wenn du deinen heidnischen Göttern abschwörst, und dich durch den Empfang der heiligen Taufe zu Christus bekennst, so wirst du den Gral schauen.»

«Hilft es mir, die edle Jungfrau zu gewinnen, die hier vor uns steht?»

fragte Feirefis. «Verzeih, daß ich so offen von meiner Liebe rede, aber mein Herz vermag nicht, sie geheim zu halten.»

«Wen meinst du?»

«Ich meine die Jungfrau mit der Krone, die das grüne Seidenkissen trug. Kann ich sie gewinnen, so mache ich sie zur mächtigen Königin meiner Reiche.»

«Wenn du dich taufen läßt», erwiderte Parzival, «dann magst du um sie freien.»

«Hilf mir, lieber Bruder», drängte Feirefis, «daß ich die Schwester deiner Mutter zur Gemahlin bekomme! Gewinnt man die Taufe im Kampf, so führe mich so bald als möglich zum Turnierplatz und laß sie mich erkämpfen!»

Da lachten Parzival und Anfortas herzlich und Parzival sagte: «Die Taufe kannst du dir nicht erkämpfen. Zur Taufe mußt du mit demütiger Seele kommen, dann empfängst du sie als Gnade. Läßt du dich taufen, so steht es dir frei, um Repanse zu werben. Morgen früh werde ich dir sagen, wie dein Wunsch erfüllt werden kann.»

Inzwischen waren alle vom Gral gespeist worden. Repanse trug das grüne Seidenkissen mit dem heiligen Gral hinaus, und ihr folgten die anderen Jungfrauen in derselben Ordnung, wie sie hereingekommen waren. Auf ein Zeichen von Parzival kamen Pagen und Diener in den Saal und räumten alles wieder weg, das Geschirr und die Tische.

Feirefis sah Repanse lange nach. Alle begaben sich jetzt zur Ruhe, er freilich fand nicht viel Schlaf.

Am nächsten Morgen ließ Parzival alle Ritter in den Gralstempel zusammenrufen, und er begab sich selbst dorthin mit Kondwiramur, Anfortas und Feirefis. In der Mitte des Tempels stand der heilige Gral, und vor ihm ein Taufbecken aus Rubin auf einem Sockel von Jaspis.

Als alle versammelt waren, sprach Parzival zu seinem Bruder: «Wenn du die Taufe empfangen willst, mußt du dich von deinen Heidengöttern abwenden, deinem Glauben an sie abschwören und dich verpflichten, immer dem Gebot des höchsten Gottes zu folgen.»

«Das will ich», antwortete Feirefis.

Ein alter Priester neigte jetzt das Taufbecken zum Gral hin, und sogleich füllte sich das Becken mit lauem Wasser. Dann sprach der alte Priester zu Feirefis, der an das Taufbecken herangetreten war:

«Wenn Ihr Eure Seele von der Macht des Bösen retten wollt, so glaubt immer an den dreieinigen Gott, und bemüht Euch, seinen Geboten zu folgen. Gott ist Mensch und zugleich das Wort des Vaters. Gott ist Vater und Sohn, beide gleich heilig, ebenso wie sein Geist. Im Namen der heiligen Dreieinigkeit löst Euch dieses Wasser von dem Heidentum. Gott selbst, der Adam erschaffen hat, empfing die Taufe, als er Mensch auf Erden war. Wasser läßt die Bäume wachsen, Wasser macht alles Geschaffene fruchtbar, Wasser gibt dem Auge Sehkraft und verleiht der Seele den Glanz der Engel.»

Feirefis antwortete: «Ich will meinen alten Göttern abschwören, und im Namen der heiligen Dreieinigkeit ein neues Leben anfangen.» Damit beugte er sich über das Taufbecken, und der alte Priester taufte ihn im Namen des Vaters, des Sohnes und des heiligen Geistes. Dann zog er ihm ein weißes Taufhemd an.

«Seht!» rief Anfortas, «eine Inschrift leuchtet auf dem heiligen Gral!»

Alle schauten jetzt zum Gral hin. Da leuchtete eine Inschrift in klaren goldenen Buchstaben. Auch Feirefis konnte jetzt den Gral sehen und die Inschrift lesen. Sie besagte, von nun an dürfe kein Gralsritter, der in ein Land zum König berufen werde, nach seiner Herkunft gefragt werden. Weil Anfortas so qualvoll habe warten müssen auf die Frage, sollen alle Fragen in Zukunft verboten sein. Die Gralsritter wollen nicht mehr über sich selbst befragt werden.

Als die Inschrift wieder verschwunden war, führte Anfortas Repanse de Schoye zu Feirefis und fragte sie: «Liebe Schwester, willst du meinen Neffen zum Gemahl und ihm in sein fernes Land folgen?»

«Das will ich», antwortete sie, und Anfortas legte ihre Hände zusammen.

Schon am gleichen Tag wurde das Hochzeitsfest gefeiert, aber noch elf Tage blieb Feirefis mit seiner Gemahlin auf der Gralsburg. Er versuchte Anfortas zu bewegen, mit ihnen in sein fernes Land zu ziehen. Aber dieser antwortete: «Herr, Ihr nehmt eine edle Gemahlin mit Euch, der Ihr treu ergeben seid. Ich will hier bleiben und demütig dem Gral mit dem Schwert und im Gebet dienen.»

Da bat Feirefis, Parzivals Sohn Loherangrin möge mitkommen, aber Parzival antwortete: «Mein Sohn ist für den Gral bestimmt.»

Am zwölften Tag brach Feirefis auf. Parzival war tief betrübt, daß er sich von seinem Bruder trennen sollte, und so beschloß er, ihn wenigstens durch die Wildnis bis an die Grenze des Gralsreiches zu geleiten. Dort nahmen sie bewegten Herzens voneinander Abschied.

Nach der Grenze war Kundry, die Gralsbotin, ihr Führer, und sie brachte Feirefis, Repanse und ihr kleines Gefolge in die Hafenstadt, wo Feirefis' Heerscharen seit Wochen auf seine Rückkehr warteten.

Zu dieser Zeit war die Botschaft aus dem fernen Osten gekommen, daß die Königin Sekundille gestorben sei. Als Feirefis dies erfuhr, gab er Kundry den Auftrag, bei ihrer Rückkehr in die Gralsburg Anfortas diese Botschaft zu überbringen. Für Repanse war es eine Erleichterung, zu wissen, daß sie jetzt mit Feirefis in seine Reiche ziehen konnte, ohne die Frau zu kränken, der Feirefis vor ihr seine Liebe geschenkt hatte.

Feirefis und Repanse gingen an Bord eines der Schiffe; es lichtete den Anker und steuerte auf das offene Meer hinaus und mit ihm die ganze stolze Flotte.

In Feirefis' Reich, das später den Namen Indien erhält, schenkte Repanse ihrem Gemahl einen Sohn, den sie auf den Namen Johannes tauften. Als er herangewachsen war, setzte er Kraft und Weisheit dafür ein, den christlichen Glauben in Indien zu verbreiten. In den Sagen wird er der Priesterkönig Johannes genannt.

Und damit endet die Erzählung von Parzival und seinem Weg zum Gral.

NACHWORT

Wir haben ein Buch über Parzivals Weg zum Gral in den Händen. Was wir darin lesen, hat um das Jahr 1200 der Dichter Wolfram von Eschenbach an den Kaminen der Burgen in Franken und Thüringen erzählt – erst später wurde es aufgeschrieben.

Die damaligen Zuhörer erlebten Parzival in der Stimme und in den Gesten des erzählenden Dichters – heute müssen wir ihn beim Lesen in uns selbst lebendig machen. Und wir können auch nicht die eindringlichen Worte hören, die der Dichter, jedesmal bevor er zu erzählen begann, an seine Zuhörer richtete: «Ein Mensch kann nur dann sein Leben recht bestehen, wenn er sich bewußt ist, wie in seiner Seele Licht und Finsternis beieinander wohnen – gleich dem Schwarz und Weiß im Federkleid der Elster. Mutvolle Gedanken und innere Festigkeit braucht der, der den Streit zwischen Schwarz und Weiß zugunsten des himmlischen Lichtes entscheiden will. Und die Geschichte, die ich euch jetzt erzähle, handelt von einem Menschen, der sich diese Fähigkeiten unter Mühen allmählich erwerben konnte, den sein mutiges Herz nie verließ, der in aller Not wie Stahl sich bog und nicht brach, in siegreichen Kämpfen hohen Ruhm erwarb und jeder Unlauterkeit aus dem Weg ging. Trotz all dieser Eigenschaften vermochte er jedoch nur langsam und unter unendlichen Mühen sein Ziel zu erreichen.»

Wolframs Zuhörer ahnten, daß sie Ungewöhnliches vernehmen würden. Und in der fortschreitenden Erzählung erkannten sie, daß ihnen in Parzival ein Mensch entgegentritt, der ganz anders handelt, als sie es gewohnt sind. Er kann nicht von vornherein Artusritter sein, sondern muß als Einsamer und Ausgestoßener einen leidvollen Weg gehen, um innerlich reif zu werden für die Würde des Gralskönigs. Das ist ihm nur möglich, weil er die Gralssuche als Lebensziel unverrückbar vor Augen hat. Daran ändert auch seine Rebellion gegen Gott nichts. Erst in der Einsamkeit kommt er zur Selbsterkenntnis, und er kann die Heilstat des Christus anerkennen. Als er schließlich im Kampf dem Freunde Gawan und dem Bruder Feirefiz gegenübertritt, erkennt er sich auch in ihnen. Dann erst kann er die erlösende Mitleidsfrage an den todkranken Gralskönig Anfortas stellen und als neuer König an seine Stelle treten.

Dieser mutvolle Weg eines einzelnen, der vom namenlosen Toren zur höchsten Würde der Menschheit aufsteigt, wurde als Bild für die neuen Entwicklungsmöglichkeiten des Menschen angesehen. Das Gralskönigtum konnte nicht mehr wie bisher vererbt werden, um dann Besitz auf Lebenszeit zu sein, es mußte mühevoll errungen und gleichzeitig von Krankheit erlöst werden. Das ist der neue Weg, den Wolfram von Eschenbach zeigt. Den Gral zu finden, Gralskönig zu werden auf diesem neuen Weg, heißt, sich selbst in der liebend-erlösenden Hinneigung zum anderen zu finden. Das ist freilich heute noch ein höchstes Ziel. Und so können wir uns durchaus unter den Rittern wiedererkennen, es kommt auf Rüstung, Schwert und Helm nicht an, das ist die Außenseite der Bilder.

Die Menschen, die Wolfram von Eschenbach bald nach seinem Tode mit Hochachtung als den «weisen Mann von Eschenbach» bezeichneten, wußten, was sie sagten. Seine Weisheit ist auch für uns noch ein Geschenk, sein «Parzival» ist auch unserer Zeit sehr nah.

Walter Schafarschik